「第三者委員会」の欺瞞

報告書が示す不祥事の呆れた後始末

八田進二
会計学者

685
中公新書ラクレ

はじめに

「見慣れた風景」の裏にあるもの

「当初は今回の事態の経営責任を明らかにするためには、ただちに職を辞するべきだと思っていたが、残された責任があると思い直した。本件に関わる問題を徹底的にあぶりだすため、第三者委の調査に真摯に対応することが、経営トップとして課せられた最後の責務であると考えた」(「産経デジタル」二〇一九年十月九日)

「本件」とは、二〇一九年九月、会長、社長をはじめとする関西電力の幹部二〇名が、関電高浜原発が立地する地元自治体の元助役から、総額三億二〇〇〇万円に上る金品を受け取っていたことが発覚した事件のことである。発言の主は、八木誠会長(同日辞任)とともに「辞任会見」に臨んだ岩根茂樹社長、その人だ。

問題発覚後、繰り返していたはずの「(金品授受は)不適切ではあったが、違法ではない」「再発防止をしっかりやることで経営責任を果たす」という発言との抜きがたい矛盾は、とりあえず置こう。私が読者に注目してほしいのは、大企業などの不祥事が世間に明らかになるや、その手で速やかに外部の有識者メンバーなどによる「第三者委員会」が組織され、渦中の人物がその調査への協力を約束する——という、もはや見慣れた風景そのものにほかならない。

この原稿執筆時点で、当該案件に関する第三者委員会の報告書は、公表になっておらず、入手できていない。想像するに、岩根氏は金品授受の具体的な流れといった真相究明に不可欠な事実を、つつがなく第三者委員会のメンバーに提供していることだろう。自分たちの懐にメスを入れてもらうために、あえて当面経営トップを辞さない決意を固めたものの、バッシングの嵐が止まず、この第三者委員会報告書の受領時に辞任する旨の決意を表明したのだから。

一方、メスを入れる第三者委員会の側には、委員長の元検事総長但木敬一氏以下、元第一東京弁護士会会長、元東京地方裁判所所長、元日本弁護士連合会会長という肩書の人たちが名を連ねている。この四名を中心に、一五名の弁護士が調査チームを編成したそうだ。これだけの陣容を擁して、問題企業の全面協力のもとに調査を行うのだ。報道されたような信じ難い行為が長年にわたって行われてきた背景も含めて、事件のあらましは疑問の余地なく解明されるはずだ。責任の所在も、誰もが納得できるかたちで明らかになるのだろう。私は、その内容を今から心待ちにしている。

ただ、同時にちょっとした不安も禁じ得ない。残念なことに、少なくともこの事案以前に公表されたあまたの第三者委員会報告書において、そうした負託に耐えられるだけの中身を伴っていたものは、極めて稀だった。そういう、冷厳な事実があるからだ。

論より証拠、本書では、そうした過去の報告書のいくつかについて、徹底分析を試みた。一つだけ、サワリを紹介しておこう。

二〇二〇年東京オリンピック・パラリンピックが、いよいよ間近に迫ってきた。その盛り上がりに水を差すようなことを言って申し訳ないのだが、どうやら我々は「東京五輪は金で買った」という疑惑が払拭されないまま、本番を迎えなくてはならない。

東京オリンピック・パラリンピック招致委員会が、元国際陸上競技連盟会長の子息が関係するシンガポールのコンサルタント会社に約二億二〇〇〇万円を支払った、とフランスの検察当局が公表したのは、東京開催が決まってからおよそ三年後の一六年五月のことである。当時、招致委の理事長を務めていたのが、竹田恆和日本オリンピック委員会（ＪＯＣ）会長だ。

例によってＪＯＣは、その月のうちに、独立性を有するとされる弁護士二名と公認会計士一名などから構成された「調査チーム」を立ち上げる。調査の主眼は、このコンサルタント契約における契約金額、成果、締結過程の適切性を検証することにあった。具体的には、疑惑のベールに包まれたコンサル会社や、その代表者の真の姿を明らかにするのが、その使命だった。

しかし、結局、代表者をはじめとする関係者から、直接返答を得ることはできなかった。調査は、関係書類などの閲覧という間接的な作業に終始し、通常の海外コンサルタントとの業務契約に比して破格の契約金額が何を意味するのか、といった核心にはまったく近づくことができないまま終わった。コンサル会社の代表者が「雲隠れ」したことなどから、調査によって、疑惑はむしろ深まったとさえ言える。

ここまでなら、「期待外れだった」ですむかもしれない。驚くのは、そこから先だ。そんな未消化の調査結果だったにもかかわらず、調査チームは、「招致委員会関係者」について、「『オリンピック関係者』等への贈与の禁止を含むＩＯＣ（国際オリンピック委員会）の規程を十分認識し、また、本件契約の際にも『オリンピック関係者』等への贈与の認識を何ら有していなかった」と、明確な〝シロ〟認定を下しているのである。

しかし、一九年一月、フランス当局が招致に絡む汚職の疑いで竹田氏の訴訟手続きに入った、と同国メディアが報じた。それを受けて会見した竹田氏は、あらためて「不正はなかった」と主張するのだが、その根拠の一つとされているのが、ほかならぬ「日本の法律において契約に違法性はなく、コンサル会社への支払いも適切だった」という、この調査チームの「結論」だった。

誰のための、何のための第三者委員会なのか

賢明なる読者は、もうお気づきだろう。この調査チームの主たる目的は、「コンサルタント契約の適切性の検証」以上に、「招致委員会という組織や竹田氏個人には、何ら問題がなかった」というお墨付きを与えるところにあったのではないか。少なくとも予断なく、子細に報告書を読む限り、そう結論付けるのが自然だろう。

ただ、そんな努力も空しく、釈明会見後も批判にさらされた竹田氏は、一九年三月にJOC会長の退任とIOC委員の辞任を表明した。事実が調査チームの認定通りで、自らになんらやましいところがないのならば、先頭に立って開催にこぎつけた晴れの舞台

を目前にして職を辞するというのは、腑に落ちない。誰もがそう感じたのではないだろうか。

この調査チームには、オブザーバーにＪＯＣの常務理事という「身内」が含まれていたりと、他にも問題山積だった。詳細は、第一章で述べることにする。

繰り返しになるが、過去に数多くつくられてきた第三者委員会の中で、このＪＯＣの調査チームが、とりわけ「異質」で「例外的」なものなのかといえば、それは違う。第三者委員会は、もはや多くの人が漠然と抱くであろうイメージ、すなわち不祥事を起こした企業や団体が、外部の専門家などに委嘱して設置し、問題の真相究明、責任の所在の明確化などを図る——とは、かけ離れた存在になっているのが実態なのだ。

では、その「実態」とは、どういうものか？

大半の第三者委員会は、真相究明どころか、不祥事への関与を疑われた人たちが、その追及をかわし、身の潔白を「証明」するための〝禊のツール〟として機能している——。それが私の結論である。何のことはない、調査中はメディアや世論などの追及から逃れる〝隠れ蓑〟になり、世のほとぼりも冷めかけた頃に、「問題ありませんでした」という〝免罪符〟を発給しているのだ。個々の委員会のメンバーがどれだけそれを自覚しているのか定かではないにせよ、結果的にそうした役割を担っている事実は消せない。そのことを具体例を示しながら明らかにしつつ、なぜそんなことが許されているのかを解き明かすのが、本書の主題である。

もちろん、第三者委員会は、その誕生の時からこうした性格を持っていたわけではない。現在でも、真相究明に貢献する立派な報告書が提出されることもある。本書では、そうした報告書も取り上げた。しかし、大きな流れとしては、ある事件をきっかけに、「不祥事が発覚したら、とにかく第三者委員会をつくる」という「ルール」が定着し、それが徐々に〝隠れ蓑〟の機能を強めていったのである。

「ある事件」とは、二〇一一年に発覚したオリンパスの巨額の損失隠し、粉飾決算である。この時、上場廃止の瀬戸際に追い詰められたオリンパスを救ったのが、まさに第三者委員会だった。そして、そのツールを活用した同社の救済に、東京証券取引所が一役買っている。さらにその背後には、時代を映した国の思惑があった。そうした経緯も振り返りながら、第三者委員会という組織の本質をより明確にしていきたいと思う。

第三者委員会についての「ありがちな誤解」を、もう一つ付け加えておこう。さらに時間を戻して、そもそも、「社外に独立した委員会を設けて、真相究明に当たる」というスキーム自体は、いつの時代に、どこで生まれたのか、ご存じだろうか？　「コーポレートガバナンス」「コンプライアンス」などの概念同様、欧米からの「輸入品」だと理解している人が多いのではないかと推察する。だが、違うのだ。第三者委員会は、グローバルスタンダードとは縁もゆかりもない。「失われた十年」と称されるバブル崩壊期、この日本で考案された、すぐれてドメスティックな仕組みなのである。

私が調べた限り、似たような組織は、諸外国には見当たらない。純日本製であるがゆえに、「独立した委員会」と銘打ちながらも、他の組織と同じように「阿吽の呼吸で、事を丸く収める」という日本型のＤＮＡがプログラミングされていても、不思議はないのかもしれない。

経済的損失も無視できない

ところで、当然のことながら、第三者委員会の設置はタダではできない。時間単価の張る弁護士などの専門家に働いてもらうだけでも、コストが嵩む。加えて、実際の作業は数名の委員だけでやるわけではない。膨大な資料の読み込みといったことは、時に数十人単位の事務所のスタッフが請け負うのである。

こうしたお金を負担するのは、言うまでもなく委員を依頼した企業や団体だ。第三者委員会に対していったいいくら支払ったのか、彼らは公表しないのだが（それ自体、不当と言わざるを得ないのだが）、事件の規模によっては数億円～数十億円が使われているものとみられる。不祥事を起こした企業の株主にとってみれば、不祥事それ自体で株価の下落という損害を被ったうえに、第三者委員会設置のコスト負担というかたちで、二重の経済的損失を被ることになる。もし私が、株主としてそういう局面に立たされたなら、たぶん黙ってはいられまい。

他方、そのお金を受け取るほうの事情はどうか？　第三者委員会の設置が急増したことによって、今や法律事務所にとって、そこは「過払い金請求」と並ぶ、安定的な「ビジネス」の場となっている。

かたちのうえでは、〝隠れ蓑〟の欲しい依頼主と、司法制度改革の結果、弁護士がだぶつき気味になっている業界との間で、ウィンウィンの関係が成立するのである。ともすれば、依頼主に「甘い」報告書が示される現実とその構造は、果たして無関係と言えるのだろうか。

第三者委員会と同じように、企業からお金をもらって、その依頼主の状況を調べあげる制度が、世の中にはある。監査法人による会計監査だ。それとも対比しつつ、この問題についても、切り込んでみたい。

立ち上がった「第三者委員会報告書格付け委員会」

冒頭に挙げた関電の事件もそうなのだが、第三者委員会が設置されると、メディアは「どこまで真相に迫れるのか、注目される」といった論調で、それを伝えるのが常だ。自らの調査報道の能力を棚に上げるかのようなもの言いも気にはなるが、彼らの最大の問題は、注目したはずの報告書が公表されても、メディアとして公正な評価を行わない（行えない）ところにある。あまりにも酷い内容のもの、例えば「お手盛り」が露わな厚生労働省の「毎月勤労統計調査」の不正に関する特別監察委員会報告書のようなものが出てきた時には、通り一遍の批判を浴びせるものの、けっして長続きはしない。

全ての責めをメディアに帰すつもりはない。「熱しやすく冷めやすい」社会の問題も、もちろんあるだろう。ただ、いずれにしても、そんな状況だから、どんな第三者委員会でも「安心して」報告書が作成できるのだ、というのは、決してうがった見方ではないはずだ。きちんとした評価が放棄されてきた結果、第三者委員会がここまで堕してしまった、と言ってもいい。そうである以上、第三者委員会の現状を変え、真相究明というあるべき機能を付与するためには、まずはその報告書が提出されるたびに精査が行われ、不十分だった場合には、今度は委員会自身が責任を問われる、というメカニズムを働かせる必要があるだろう。

残念ながら、そうした社会的な機能は不十分だ。当面、メディアにも多くを期待できない。ならば、自分たちでその役割を担い、逆にメディアにも発信していこう——。そうした趣旨で一四年五月に発足したのが、久保利英明弁護士を委員長とする「第三者委員会報告書格付け委員会」である。これも詳しくは後述するが、私はそこに唯一、会計のプロフェッショナルとして加わっており、他は久保利氏を含め弁護士五名、ジャーナリスト二名、法科大学院教授一名の計九名で構成されている。現在までに二一の報告書について、各人が五段階での評価、すなわち、A~Dの四段階評価と不合格のF評価を行い、公表した。第一章以降で挙げたのは、全てこの委員会の評価の俎上に上ったものである。

本書で取り上げたのは、格付けの発表が古い順に、以下の一〇事案だ。

- 朝日新聞社（慰安婦報道問題）
- 東芝（不適切な会計処理）
- 東洋ゴム工業（免震積層ゴムの認定不適合）
- 日本オリンピック委員会（東京オリンピック招致活動）
- 神戸製鋼所（検査結果の改ざん）
- 雪印種苗（種苗法違反）
- 日本大学（アメフトにおける重大な反則行為）
- 東京医科大学（入学試験における不適切行為）
- 厚生労働省・毎月勤労統計調査等に関する特別監察委員会（毎月勤労統計調査を巡る不適切な取扱い）
- レオパレス21（施工不備問題に関する調査報告書）

国際問題に絡む案件もあれば、人の命に関わる事件もあった。だが、その真相究明の任を担った第三者委員会がどんな結論を出したのか、果たしてどれだけの人が記憶しているだろうか。

なお、中には格付けの議論をしてから時間のたっている事案もある。今回は、当時の議論や自分で書いた報告書を振り返りつつ、現状を踏まえてあらためて考察を加えた。

本書では、そうした第三者委員会の現状分析を基に、「あるべき姿」についての提言を行いたい。同時に、不祥事が明らかになった企業や組織が、第三者委員会を設置する前に考えるべきことについても、持論を述べたいと思う。

国を代表する大企業や中央官庁、有名大学などを舞台にした不祥事の連鎖を目の当たりにし、「日本の劣化」を実感させられた人は、少なくないはずだ。残念ながら、そうした組織が、再出発の教科書にすべき第三者委員会の報告書も「穴だらけ」だった。だが、裏を返せば、その間隙にこそ再生の手がかりがあるのかもしれない。そういう意味でも、第三者委員会報告書に正面から対峙することには大きな意義がある、と私は確信している。

なお、本書における第三者委員会の活動及び報告書に関する評価や意見については、すべて著者自身の見解であり、第三者委員会報告書格付け委員会の考えや意見を代表するものではない。

では、さっそく報告書のケーススタディから始めよう。

目次

II 大学教育を揺るがす事態に切り込むことができたのか

III
相次いだ企業不祥事。かくして真相究明への期待は裏切られた

「第三者」を理解しない「第三者委員会」／調査対象から「外された」二つの重大事案／「不適切会計」という新語を使った罪／トップがダメダメだったから、防げなかった？／ハリボテだった「内部統制の優等生」

「危機対応のチーム」というエクスキューズ／経営トップが半年以上も不正を放置していた／総花的な「原因」「再発防止策」／かくて過ちは繰り返された

IV

「国の名誉」に関わる事件の解明を任されたが

世界に「誤解」を発信、日韓関係にも影／問題は放置され、謝罪も行われなかった／「経営の干渉」は十分解明されず／第三者委員会に託す判断は正し

「第三者委員会」の欺瞞

報告書が示す不祥事の呆れた後始末

第一章

第三者委員会の呆れた実態

報告書、それを生み出した組織の正体が見える

それでは、これまでに公表された第三者委員会の報告書がどういうものだったのか、見ていくことにしよう。「はじめに」で述べたように、ここでは、第三者委員会報告書格付け委員会で取り上げ、私も議論に参加したものからピックアップした一〇の事案についいて、格付け以降に明らかになった事実なども踏まえつつ、検証を加えたいと思う（別途、「合格点」が与えられると評価できる「雪印種苗」の事案については、第二章で触れたい）。

今回、あえてこの一〇事案を検証の対象に選んだのに、深い理由はないが、いろいろな意味で国や社会の根幹に関わる重大事案であること、企業だけでなく官庁、大学も取り上げる、という点には配慮した。逆に言えば、世の中にあまた公開された第三者委員会報告書の中で、とりわけ劣悪な事例ばかりを選択したわけではない。この点も、あらためて確認しておきたいと思う。

当たり前のことだが、報告書の出来・不出来には、それを作成した組織のあり方が、もろに反映される。例えば、メンバーにどんなに肩書の立派な人たちが並び、優秀なス

タッフを抱えていたとしても、対象となる事案の門外漢ばかりだったら、真相究明など覚束ないだろう。そうした「組織の問題」についても紙幅を割いている。

I 説得力なし。「書き直し」を命じられたザンネンな作文

事案1	厚生労働省「特別監察委員会」
	第三者委員会を「詐称」し、官僚の責任逃れに手を貸した

●毎月勤労統計調査を巡る不適切な取扱いに係る事実関係とその評価等に関する報告書（二〇一九年一月二十二日）、毎月勤労統計調査を巡る不適切な取扱いに係る事実関係とその評価等に関する追加報告書（同年二月二十七日）

●委員会メンバー
委員長＝樋口美雄（独）労働政策研究・研修機構理事長（前統計委員会委員長、労働政策審

議会会長）
委員長代理＝荒井史男　弁護士（元名古屋高等裁判所長官）
委員＝井出健二郎　和光大学学長・会計学／玄田有史　東京大学社会科学研究所教授／篠原榮一　公認会計士（元日本公認会計士協会公会計委員会委員長）／萩尾保繁　弁護士（元静岡地方裁判所長）／廣松毅　東京大学名誉教授、情報セキュリティ大学院名誉教授（元統計委員会委員）／柳志郎　弁護士（元日本弁護士連合会常務理事）

なお、追加報告書を作成した再調査に当たっては、以下のメンバーからなる事務局が設けられた。

事務局長＝名取俊也　弁護士（元最高検察庁検事）
事務局員＝毎月勤労統計調査等に関する特別監察参与
五十嵐康之　弁護士（元日本弁護士連合会事務次長）／沖田美恵子　弁護士（元東京地方検察庁検事）

●事件のあらまし

二〇一八年末、賃金や労働時間の動向を示す指標である厚生労働省の「毎月勤労統計」に、一五年近くにわたって本来と異なる調査手法が用いられ、データに誤りのあることが発覚した。従業員五〇〇人以上の大規模事業所については、全てが対象になっているにもかかわらず、東京都内に関しては、全体の三分の一程度の調査にとどまっていたのだ。対象事業所の抽出を行ったのは厚労省で、抽出調査に必要な統計上の処理も施していなかった。その間の調査データの一部は、すでに廃棄されたり紛失したりしていて、同省が進めようとしたデータの復元処理は、困難に。さらに、問題を認識し、一八年一月調査分からはデータ補正を開始したものの、そうした経緯を一切公表しなかった、といった事実が、次々に明るみに出た。

同統計は、政府の「基幹統計」の一つに位置付けられていて、ＧＤＰ（国内総生産）をはじめとする重要な経済指標にも使われている。「統計不正」の発覚は、日本の統計そのものへの信頼を揺るがしただけでなく、それを基に算出する雇用保険や労災保険の給付額に過少を生んだ結果、政府が一九年度予算案を修正せざるを得ないという実害をもたらした。

厚労省は、一九年一月一六日、「事実関係及び責任の所在の解明を行うとともに、厚生労働省が作成する統計に対する正確性・信頼性を確保し、国民の信頼を回復するための方策等を策定するために」、厚労大臣の下に「特別監察委員会」(以下、原則として「同委員会」と呼ぶ)を設置し、六日後の同月二十二日に報告書(以下、「当初報告書」)を公表した。

しかし、事実関係解明のために実施された厚労省職員への聞き取り調査の多くが、この委員会のメンバーではなく、身内の同省職員だけで行われていたことが明らかになる。世論や与野党からも批判を浴びた厚労省は、同委員会による再調査を決定。「追加報告書」は、同年二月二十七日に公表された。

自ら「第三者委員会として設置された」と謳うが

これはまさに、国家的犯罪である。国民生活に直結する統計数字が、約一五年もの長きにわたって、意図的に歪められていた。さすがに途中で「まずい」と気づき、付け焼刃のような軌道修正を図ったのだが、担当者たちは、そのことも世間には黙っていた。こうした国家レベルの不祥事を調べる「第三者委員会」である。委員会には、冒頭に記した通り、錚々たるメンバーが名を連ねた。

だが、結論を言えば、同委員会の手による報告書は、私たちが組織する格付け委員会九名のメンバー全員が「F」、すなわち「不合格」判定を下すという惨たんたるものであった。いろいろな意味で、第三者委員会の現実を理解していただく「好例」だと思えるので、少し詳しく見ていくことにする。

第三者委員会には、ストレートにそう名乗るものもあれば、「外部調査委員会」「○○に関する調査チーム」などと称する場合もある。本件を調査するのは、「厚生労働省監察本部長たる厚生労働大臣の下に設置された委員会」である。彼らは、当初報告書で、自らを「統計の専門家を委員長とし、監察チームの外部有識者、統計の専門家等が委員となる形で、第三者委員会として設置されたもの」と規定した。「監察チーム」とは、同委員会設置の前に調査を行っていた、厚労省の内部調査チームのことだ。

世の中に対して「我々第三者委員会が、真相究明に努めます」と宣言する以上、組織としてそれにふさわしい要件を備えていなくてはならない。では、ふさわしい要件とは何か？　詳しい解説は次章以降に譲るが、最低限求められることとして、委員会が調査対象に対して「独立性」を確保していること、平たく言うとメンバーに依頼主の息のかかったような人物のいないことが前提なのは、ご理解いただけるだろう。調査対象と利害関係を有している人間を、第三者とは呼ばない。

同委員会の委員長に就いた「統計の専門家」とは、慶應義塾大学商学部長を務めた樋口美雄氏のことだ。現職は、独立行政法人労働政策研究・研修機構理事長である。何を隠そう、これは厚労省から年間二四億円を超す運営費交付金をもらって活動している、同省所管の法人だ。樋口氏はまた、同省の前統計委員会委員長であり、労働政策審議会の会長も務めた。ずぶずぶの利害関係者、「厚労省ファミリー」の一員というしかない人物で、第三者委員会の委員長として適格でないのは、明白だ。

樋口氏のことは、個人的にもよく知っている。この問題で国会の予算委員会に呼ばれた時の受け答えなどにも、誠実さを覚えないわけではなかった。だが、どんなに能力が高くても、たとえ本人が係累を捨てて任務を全うする決意を固め、実際そのように行動したとしても、それは第三者委員会に加わることが許される理由にはならない。

同委員会には、委員長以外に七名の委員（一人は委員長代理）が加わっていた。しかし、誰一人として、そうした委員長の独立性に対して疑問を呈していない。その人たちの独立性、中立性もまた、疑われなくてはなるまい。

このような現状にありながら、わざわざ報告書のトップで「第三者委員会です」と自己紹介するのは、ことさら「第三者性」をアピールしておく必要性に駆られたからか、あるいは、その何たるかを全く理解せずに、トレンドに倣って命名したからなのだろうか？　いずれにせよ、残念ながらこの特別監察委員会は、第三者委員会と呼べる代物ではなかった。

あえて言えば、同委員会には統計や法律に関する専門家が加わっており、「専門性」という点では、第三者委員会としての要件を満たすと言えるかもしれない。しかし、いくら「その道のプロ」が顔を揃えていたとしても、「独立性」「中立性」を欠いた組織に、事実関係や責任の所在を明確化するためのまともな仕事ができると考えるのは甘い。

同委員会は、そのことも身をもって示すことになった。急ぎまとめ上げた当初報告書は、あまりの杜撰さから報道各社からも総スカンを食い、「再調査」「再提出」を余儀なくされる羽目になったのである。

「調査の補助という意識だった」

一九年一月二十二日に公表された当初報告書が批判を集めた直接の原因は、関係者に対する実際の聞き取り調査の多くが、身内の厚労省職員の手で行われていた事実が明らかになったことだった。三七人のうち、約七割への聞き取りが同省職員だけで行われ、同委員会のメンバーが担当した分についても、一部は本来ヒアリング対象であるはずの幹部が同席していたというから、開いた口がふさがらない。

そもそも、同委員会の立ち上げから、当初報告書の公表まで、僅かに六日間である。この間、正式な委員会は二回しか開かれていない。それで、何十人ものヒアリングをこなし、それなりの形式を整えた報告書が、果たしてできるものだろうか？

マジックのタネは、同委員会の成り立ちにあった。この特別監察委員会が立ち上がる以前から、厚労省内部の監察チームが活動していたことは、すでに述べた。実は同委員会は、この「監察チームで行ってきた調査を引き継ぎ」（当初報告書）発足したものだったのである。例えば当初報告書に反映された延べ六十九名の職員などへのヒアリングには、監察チームの手によって行われた延べ二十九名分が含まれていた。だから、一週間で報告書の形を整えるという神業が可能になった。

実は組織的にも、同委員会は、内部調査チームの陣容を横滑りさせたものだった。なんと樋口氏を除く同委員会のメンバー七人のうち五人は、この監察チームにも外部有識者として名を連ねていたのだ。

さきほど述べたように、聞き取り調査などは、同委員会設置後も身内が関与するかたちで進められた。それ以前の省内の監察チームによる調査が〝お手盛り〟だったことは、火を見るより明らかだ。見方を変えれば、外部有識者のみなさんは、〝お飾り〟として内部調査から「第三者委員会」に至るまで、その肩書を「名義貸し」したと言われても仕方のない実態があったのだ。それが私の勝手な決めつけなどではない証拠に、委員のうち少なくとも二名は、メディアの取材に対して、悪びれることなく、こう実情を吐露した。

「監察委の委員の一人は、『従来の監察チームの延長の組織という認識だった』と語る。別の委員も『職員による聞き取りなどは監察チームのいつものやり方で、調査の補助という意識だった』と話す」（「読売新聞」一九年一月三十日付）

調査の司令塔であるべき人間が、「自分は補助者です」という認識を持ち、しかし堂々と「第三者委員会の委員」を名乗っていたことになる。

そうみてくると、同委員会を設置した厚労省の思惑もまた、浮かび上がる。あらためて「第三者委員会」を謳うことで、自分たちがやってきた内部調査の中立性、客観性を高めるところにあったのだろう。やはり当初報告書の「定義」には、彼らなりの意図が込められていたとみるべきである。にもかかわらず、わざわざ「新組織」のトップに

「厚労省ファミリー」を連れてきて据える感覚は、もはや理解の外なのだが。

「消えた年金」調査との違い

私は、問題を起こした企業や団体が、内部の力で真相究明を図ろうとする努力を否定するわけではない。むしろ、まずは組織がその持っている機能、例えば企業であれば社外取締役会をフルに活用して、問題と対峙すべきである。それをやらずに形だけの第三者委員会を設置して、あまつさえ委員会を利用して「臭いものに蓋」を被せるやり方は許し難いと考えている。

しかし、この事案のような長年にわたる「国家的犯罪」の場合には、話は別だ。初めから〝国民目線〟を持った外部の専門家に全権を委ねるのが筋で、内部の役人たちは「調査対象」「調査の協力者」であって、調べる側に立つことは許されない。特別監察委員会が「第三者委員会」を名乗るのであれば、少なくとも設置の時点で全員が外部の専門家で構成されるかたちに一新し、あらためてヒアリングをスタートさせる必要があったのだ。

それにしても、厚労省というのも、不祥事の絶えない官庁だ。二〇〇七年に発覚した社会保険庁の「消えた年金問題」は記憶に新しいが、わたしたちの組織する格付け委員会の一員である弁護士の野村修也中央大学法科大学院教授は、年金記録問題の検証委員会委員などとして、あの問題に関わった経験を持つ。

当時の検証委員会は、当初から厚労省から独立した委員のみで構成され、事務局も総務省に置かれた。関係者へのヒアリングも、対象者以外の役人はすべてシャットアウトし、アポイントの設定も含めて全て委員会の手で行われたそうだ。「消えた年金問題」が完全に解決を見たわけではないが、事件の実態を究明し、一定の救済策が講じられるうえで、そうした「しっかりした調査」が寄与したことは、否定できないと思う。

ところで野村氏は、この事案に関する格付け委員会報告書で、こう述べている。

「標準報酬月額の遡及改ざん事案については、やはり厚労省から独立性のある委員のみによって構成され、事務局には、総務省や金融庁からの出向者が充てられた。さらに、日本年金機構に対するサイバー攻撃の事案については、厚労省から独立性のある委員のみによって構成され、当初から事務機能も外部者に担当させるといった方策がとられた。これらの例に比べ、今回の調査がなぜこのような形になったのかは大いに疑問である」

述べてきたような「第三者委員会」のありようは、時が進むにつれ、政や官の自浄能力、危機対応力も劣化しつつあるという事実を、如実に示しているのかもしれない。

報告書も官僚が書いた⁉

同委員会のいいかげんさは、現場の調査に身内の官僚が深く関与したことだけではない。報告書自体も、当事者たちの手で執筆された公算大なのだ。そう疑わせる「状況証拠」が、当初報告書には残されている。その本文は、こう始まる。

第1．特別監察委員会の目的等

○厚生労働省による毎月勤労統計調査の不適切な取扱いにより、国民の統計に対する信頼が失われ（以下略）

○今般の事案については、本委員会の設置以前から、弁護士、公認会計士等の外部有識者もメンバーとして参画した厚生労働省の監察チームにおいて（同）

○今般の事案に係る事実関係及び責任の所在を解明するため、監察チームとして局長・課長級延べ14名、課長補佐以下級延べ15名に対してヒアリングを実施してきた結果を踏まえ（同）

注目いただきたいのは、文章の中身ではなく、「書き方」の形式である。この報告書は、A4判全二六ページ（目次など除く、実際は横書き）にわたり、「ゴシック体、パラグラフの前に「○」を記し、前の文章との間を一行分開ける」という、よく見かけるルールに則った記載が続くのだ。

国の審議会などに参画したことのある人間にとっては、見慣れたペーパーだ。これは官庁特有の書式、いわば「霞が関書式」とでも呼ぶべきものなのである。財務省も、経済産業省でも、審議会などに関連して公表する文書には、決まってこれが採用されている。

とはいえ、霞が関以外の一般の社会で活動する者にとって、それは「普通」ではない。同委員会のメンバーの弁護士や大学教授などが起草したと考えるのは不自然な理由が、そこにある。内部調査の「成果」を基に官僚が筆を執り、委員会のメンバーはそれを一読の後、サインした。そんな構図が見え隠れするのである。

約一ヵ月後に提出された追加報告書では、さすがにその点は改められた。しかし、そこには、当初報告書の中身について「基本的に妥当なものと考えている」という認識が、堂々と示されている。「官僚の手による当初報告書の線に沿って、追加の報告をまとめてみました」ということなのだろう。同委員会が徹頭徹尾「官僚の内部調査の補助」の役割を果たしたことが、ここでも追認できる。

ちなみに、追加調査に当たり、「厚生労働省とは利害関係のない弁護士3名による事務局が設置された」(追加報告書)と胸を張るのだが、それで中立性・客観性が担保されたことには全くならない。委員会の基本路線が踏襲され、組織的にも相変わらず「利害関係者」がトップに座っていたのだから。

核心に迫れないヒアリング

問題が起きた原因がどこにあったのか、責任は誰にあるのかを明らかにできるかどうかの鍵を握るのは、いうまでもなく関係者への聞き取り調査である。ただ話を聞けばいいというわけでは、もちろんない。その場で「聞くべきこと」を聞き、それに対して偽りのない事実が語られなければ、調査の意味はないのだ。その点、当初報告書も追加報告書も、「内部調査」の限界を如実に示すものだったと言わざるを得ない。

全体として、報告書で公表されたヒアリングでのやり取りは、やけに（無駄に）詳しい。例えば、当初報告書の「事実関係の評価等」のうち、「公表していた調査対象事業所数に比べて実際に調査した事業所数が少なくなっていることの評価等」（18ページ以降）には、雇用統計課長（当時）A、大臣官房統計情報部長（同）BをはじめA～Jまで一〇人の関係者が登場し、その「問題行動」や、「一定の予算の範囲内で、サンプル数を単に増やしてしまうと都道府県の負担が増大するため、課長の立場からすると、調査対象事業数を減らすことはある意味仕方ない」（雇用・賃金福祉統計課長〔同〕D）といったヒアリングの際の発言が並ぶ。

あたかも詳細で客観的な調査を行ったような体裁を取っているものの、読んだ人間は間違いなくストレスを覚えるに違いない。つまり、どうして「やるべきことを怠って、その結果状況を是正する機会を逸したのか」についての答えが、何ら示されていないのである。結論らしきは、「法令遵守意識が欠如していたものと言わざるを得ない」の一言で、19ページだけでこの主旨の表現が三回も連呼される。

法令遵守意識が日本で最も高くなければならないはずの中央官庁において、幹部職員が軒並みそれを欠いているというのなら、組織的欠陥を疑うべきだろう。ところが、我々が一番知りたいその原因を、報告書は素通りするのだ。

追及は甘いのに、関係者などに対して使われる言葉が結構手厳しいのも、同委員会報告書の特徴だ。「課長級職員の責任は免れない」「猛省を促したい」「言語道断」「はなはだしい職務怠慢」「到底許されるものではない」「非難されるべきである」……。全編を通じ、他の第三者委員会の報告書では、あまり目にしない激しい文言が多用されている。だが、必要以上に大げさな表現の使われた文書や映像には、えてして実体の伴っていないことが多いことも、我々は知っている。

嘘はついたが、隠蔽はしていない!?

同委員会の報告書では、関係者に、「法令遵守意識の欠如」のほか、「規範意識の欠如」「期間統計調査の重要性の認識の欠如」といった問題のあったことが指摘されている。いずれも由々しきことではあるが、すでに述べたように、「それが何に起因するのか」は、不明だ。「いや、そこに組織的な何かがあるのではなく、『法令遵守意識の欠如』をはじめとする個人の資質の問題なのです」と、同委員会は（厚労省は）言いたいのだろう。

この事案については、「組織的な隠蔽があったのかどうか」が、国会でも取り上げられた。報告書を読んでいくと、「問題を意図的に隠そうとしたことまでは認められないものの」というエクスキューズが、これまた嫌というほど出てくる。だが、その根拠も納得できるものではない。

例えば、当初報告書（21ページ）には、前出Ｄ氏についてのこんな記述がある。

「Ｄは、『東京都の規模５００人以上が実際には抽出調査であったことを隠す意図は全くなく、平成26（２０１４）年４月の事務取扱要領から記載を落とした理由は、既にだいぶ前から抽出調査で行われていること、特定の都道府県（東京）のことをわざわざ全国の都道府県に送付する事務取扱要領に書かなくても良いと考えたこと（中略）を踏まえたものである』と述べており、東京都の規模５００人以上の事業所が抽出調査であることを隠蔽する意図があるとまでは認められなかった」

驚くべきことに、「本人が隠したつもりはないと言っているのだから、隠蔽とは言えない」と結論付けているのである。事ほど左様に、同委員会では、ヒアリング対象者が真実を述べているのかどうかの検証、例えば周辺にいた関係者の発言との整合性の検討などが行われた形跡は、ほとんど見当たらない。

あまりにひどい当初報告書への批判を受けて、「調査範囲を広げ、有識者によるヒアリングや関連資料の精査なども行った」とした追加報告書においては、今度は同委員会自らが「組織的隠蔽」を定義する、という奇手に出た。

いわく、「『隠蔽行為』とは、その事実を認識しながら意図的にこれを隠そうとする行為(故意行為)であることを前提とした」。

そのモノサシに照らして、担当職員らは「少なくとも主観的には統計数値上の問題はなく、あるいは、許容される範囲内であるなどといった程度にしか捉えておらず」「担当課(室)の職員らにおいて、綿密な打ち合わせや周到な準備などがなされた形跡はなく」「その場しのぎの事務処理をしていたことが認められる」。だから「意図的に隠したとまでは認められず、『隠蔽行為』があったとはいえない」と主張するのである(18ページ)。同委員会の目的が「真相究明」になどなかったことを、問わず語りに述べた〝迷文〟といえよう。

一方で、追加報告書は、二〇一五年の有識者による検討会で、全数調査だという事実と異なる説明をしたこと、一六年の調査にローテーション・サンプリング方式を導入した際の調査計画変更申請においても、全数調査であると記載したことが、「公的な場で、課（室）の長の判断の下に、真実に反することを認識しながら、事実と異なる虚偽の申述を行った」ものだと認定している。

「虚偽の申述」は、「真実を隠す」ために行われるものではないのか。組織内の複数の関係者が、長期間にわたって事実を隠し続けていたら、それは「組織的隠蔽」にほかなるまい。

そんな子どもでも分かる結論に近づくことをなんとしてでも回避し、原因を管理職のAさん、Bさんの意識の低さや、引き継ぎの不十分さ、統計への無理解といった表面的な問題に止めようとするのは、累が組織そのものに及ぶことを防ぐ、すなわち厚労省の組織防衛を最大限に優先したからだと考えるのが、自然だろう。

これほどの大問題を引き起こすのだから、組織には深刻な病巣が巣くっているとみなければならない。しかし、そうした真因が明らかにされることはなかった。同委員会の報告書には、厚労省自体の責任についての具体的な言及はなく、役職者層の管理・監督責任も曖昧にされた。そんな実態で、「（厚労省は：引用者注）猛省の上に立って再発防止に取り組むべきである」（追加報告書）と言われても、空しいだけである。

かくして、調査・検証を内部調査の延長線上にとどめ、旧来の組織の秩序を守るという厚労官僚の思惑は、とりあえず成就した。「第三者委員会」を名乗る特別監察委員会が、それに手を貸してしまったのである。

事案2

レオパレス21「外部調査委員会」
会社の都合に従属し、真因には迫れず

●施工不備問題に関する調査報告書（二〇一九年五月二十九日）

●委員会メンバー

委員長＝伊藤鉄男　弁護士（西村あさひ法律事務所）
委員＝木目田裕　弁護士（同）／山本憲光　弁護士（同）

●事件のあらまし

二〇一八年四月二十七日、アパートを一括で借り上げる「サブリース」事業を手掛ける賃貸住宅大手のレオパレス21が、自社の建てた八六棟のアパートの屋根裏に、本来あるべき壁がないという施工不良の事実を発表した。翌五月二十九日には、同様の問題が別の三八棟でも見つかったことを明らかにし、同時に約三万九〇〇〇棟の全棟調査の実施が発表される。

一九年二月七日、その時点で、外壁や天井などで建築基準法の規定を満たしていない物件が一三二四棟あったと発表（調査は継続）、このうち一部は耐火性能も満たしていなかった。同社は、問題のあった物件を改修する期間中、一万五〇〇〇人近い入居者に引っ越しを要請する、とした。

施工不良が見つかったのは、同社が一九九六年～二〇〇一年にかけて着工した建物で、耐火性能を高めるために、天井に二枚張ることを義務付けた建築基準法に反して、板が一枚しか張られていなかったり、規定とは異なる材料を使用していたりという問題が見つかった。外壁も、耐火性能を満たさない材料や方法で取り付けられているケースがあった。また、国の規定と異なる断熱材を使ったために、防音性能も基準を満たさない可能性などが指摘された。

こうした問題を受けて、同社は一九年二月二十七日の取締役会の決議で、「外部調査委員会」（以下、原則として「同委員会」と呼ぶ）を設置した。同委員会は、会社による前記の三回のリリースに示された不備の原因について厳正な調査を行い、三月十八日をめどに一定の「中間報告」をまとめ、その後しかるべき時期に再発防止策、社内役員の責任の検討を含めた「最終報告書」を作成する、としていた。最終報告書は五月二十九日に公表されている。

なお、その報告書の公表から一ヵ月もたたない六月二十一日、同社は、今度は過去に同社が設計を行い、工務店など他社が手掛けた物件七六六棟について、天井裏の壁がないといった問題が新たに見つかった、と発表した。これらについても、調査した九割近くの物件が施工不良だった。

補修工事のコスト増と、イメージ低下による入居率低下が招いた賃貸収入減少というダブルパンチは、同社の経営の屋台骨を揺るがしている。一九年十一月には、二〇年三月期の業績予想を、一億円の黒字から二七三億円の赤字に大幅下方修正を余儀なくされた。当初、同年三月末までに終えてもらうはずだった「危険な」建物に住む人たちの転居も、折しも引っ越しシーズンと重なったこともあってスムーズには進まず混乱を招いたことが、社会から大きな批判を浴びた。

言い訳だらけ。冒頭から破綻している報告書

なんとも「言い訳」の多い報告書である。1ページの冒頭、「第1遍　本調査の概要」には、いきなり次のような記述が登場する。

「なお、本報告書は、与えられた時間及び条件の下において、可能な限り適切と考える調査、分析等を行った結果をまとめたものであるが、今後の調査において新たな事実等が判明した場合には、その結論等が変わる可能性がある」

だとしたら、これ以降Ａ４判一二四ページにわたって論じられる報告は、いったい何なのだ、と突っ込みたくもなろうというものだ。一般論として、報告書が公表された後、委員会が知り得なかった事実などが明らかになることは、あり得るだろう。しかし、それによって「結論が変わるかもしれません」とまで、あからさまに防衛線を張る必要は、どこにあるのか。

しかも、そこまでエクスキューズしながら、そのすぐ後で、「再発防止策等を明らかにするためには、本件不備（後述：引用者注）を本調査の対象範囲とすることで足りると考える」（３ページ）とも言い切っている。要するに、「自分たちがやった範囲の調査で十分なのです」と、今度は開き直るのだ。だが、全棟調査の過程ですでに露見し始めていた「本件不備以外の不備」、つまり「会社が三回のリリースで発表した不備以外の不備」などを調査対象にする必要がない理由は、何も説明されていない。

最初の「概要」部分を読み進めただけで、ちぐはぐさを露呈する報告書だが、調査はさきほども引用したように、「与えられた時間及び条件の下」で実施された。その時間と条件を「与えた」のは、調査の依頼主であるレオパレス21にほかならない。

何を、どうやって、いつまでに調べるのか。それを決めるのは、第三者委員会の側であり、特別な事情のない限り、依頼主が調査期間に口を出すということは、ありえない。それでは、委員会が行うべき厳正な調査の実施が保証されないからだ。にもかかわらず、同委員会は、その重要な調査期間の設定に関して、会社の意向に唯々諾々と従ってしまう。

そうやって提出された中間報告に触れておこう。その「発表指定日」は、同委員会設置後、三週間弱に設定されていた。もちろん、調査期間は、長ければいいというものではない。どうしても長期化しそうな場合に、中間報告書を公表するのは、むしろ正しいあり方と言える。しかし、この事案は、一九九〇年代に端を発する、極めて長期にわたる「不正」案件である。付け焼刃の調査で、「報告」できる内容をまとめるのは困難だ、と考えるのが普通だろう。

案の定、三月十八日に公表された中間報告「株式会社レオパレス21外部調査委員会による調査の状況について（概要）」には、「……との疑いがある」「……等について調査を行う必要がある」「今後明らかにする必要がある」といった文言が並んだ。たとえれば、「中間テスト」の答案ではなく、「今こんな勉強をしています」という経過報告だ。会社に対して、国土交通省からの報告についてのプレッシャーがあったのかどうか、そのへんの事情は定かではないが、はっきり言って「出す意味のない報告書」だった。

繰り返しになるが、同委員会は、そうした振る舞いを「与えられた時間」ウンヌンで正当化しようとしている。悪いことだと分かって言っているのならば言語道断、致命的な欠陥と認識していなければ、第三者委員会を名乗る資格そのものが疑わしい。

ところで、この「中間報告」には、見逃せない点もある。「第3　現時点における考え得る本件不備の原因・背景」の「1．組織的・構造的問題」では、次のように述べる。「さらに、商品開発は、組織図上、当時の社長の直轄部署と位置付けられていた商品開発部門において行われており、かかる開発態勢が、法令や品質を軽視する原因・背景となっていたと思われる」（中間報告12ページ）

「当時の社長」とは、同社創業者の深山祐助氏のことだ。中間報告の発表を報じるメディアも、「創業者の責任」をメインに報じたのだが、「経過報告」にしては、踏み込んだ指摘ではないか。

ちなみに、この時点までに行われたヒアリングは、「当時の商品開発担当者や設計担当者を中心に」、二五名、計三一回だ。「今後、レオパレス21の旧経営陣及び現経営陣（当時：引用者注）を対象とするものも含め、更なるヒアリングを実施する予定である」（同3ページ）とあるので、「名指し」された創業者からも、調査を進めていた当時の経営陣からも、一度も直接話を聞いてはいない。それで、「本件不備の原因・背景」が語れるものなのだろうか。

不備だらけの会社が自ら行った調査を「正しい」とした愚

最終報告書に戻ると、さきほどと同じ3ページでは、さらりと、こんなことも述べる。
「本調査は、全棟調査の内容が正確であることを前提としており、個別の物件について、本件不備とそれ以外の不備を問わず、何らかの不備が認められるかどうかを調査の対象とするものではない」

これもまた、驚くべきエクスキューズと言わざるを得ない。いうまでもなく、「全棟調査」は、レオパレス21の手によるものだ。長年にわたり、人命にかかわる不備のある建物の施工をそれと知りながら実行し、その事実を隠してきた企業の調査が「正確であることを前提と」できた理由を、ぜひ教えてもらいたい。

くどいようだが、第三者委員会を称する以上、当該の企業や団体から独立した立場で、客観的な調査を行うのが大前提である。会社の全棟調査を踏まえた調査を行うのであれば、まずはその信頼性、正確性を厳格にチェックすることから始めなくてはならない。そのためにも、少なくとも一定の独自の個別調査、再調査は不可欠と考えられるのに、これも初めから放棄してしまったのは、全く理解に苦しむ。

こうした建付になっているがゆえに、もし全棟調査という土台に「嘘」や「間違い」があったら、苦労してその上に作った報告書も、ガラガラと崩壊することになる。結果として、報告書の信頼性、正確性についても、大いなる疑問符を付けるしかない。

そのような観点から、私も関わっている第三者委員会報告書の格付け委員会が、同報告書を厳しく批判した評価結果を公表したのは六月十一日だった。ところが、その九日後の二十一日、今度は、同社が設計し施工は他社が行った物件についても、多数の不備が発見されたことが明らかとなった。

＊第三者委員会報告書格付け委員会が評価報告を公表した直前の六月十日、レオパレス21か

ら、同じ外部調査委員会に対し、同社が設計等を行い他社が施工した共同住宅において発覚した不備及び同社が施工した共同住宅において発覚した別の不備について、原因究明等のための追加調査の依頼があったことを受け、同委員会は、追加調査を行い、六月二十一日に中間報告「外部調査委員会による調査の状況について」を、また、七月三十一日に最終報告書「施工不備問題に関する調査報告書」を公表しているが、これらについては、本書では取り上げていない。いずれにしても、一連の施工不備問題に対する委員会の対応は、中途半端な状態で漂流しているように思われる。

本来、あれだけ世間を騒がせた事件を受けて設置された第三者委員会に課せられたのは、その全容解明のはずである。結果的に第三者委員会のメンバーは、調査対象を見誤った、要は、狭く設定し過ぎていたことになる。「性善説」に従い依頼主を信じたことで、大恥をかいてしまったのだ。主体的に調査に臨んでいたら、同社のアパート建設には、そうしたパターンも存在することは、容易に把握できたはずだ。

全てはすでに辞任した創業者のせいに

ところで、この外部調査委員会の委員は、いずれも同じ法律事務所に所属する元検事の弁護士である。このほか、二〇名の弁護士が、補助者として任命されている。委員も補助者も、同社から法律事務の委任を受けたことはなく、同社との利害関係のないことが確認されている。《事案1》の厚労省の特別監察委員会と異なり、委員構成の「中立性」「独立性」には、基本的に問題がなかった。

また同委員会は、レオパレス21と利害関係のない四名の建築分野の専門家から助言を受けている。「専門性」に関しても、特段の問題はないと考えていいだろう。

委員会の体制自体には、少なくとも目に見える瑕疵は見当たらなかった。しかし、だから優れた報告書ができる保証はないことも、この事案は示している。

レオパレス21による施工不良（同委員会の言う「本件不備」）は、具体的には、①小屋裏、屋根裏にあるべき界壁が施工されていない「小屋裏等界壁問題」、②界壁の断熱材として、設計図書とは異なる硬質ポリウレタンフォームが使用されていた「界壁発泡ウレタン問題」、③外壁の仕様が設計図書に記載された国土交通大臣認定の仕様に適合していなかった「外壁仕様問題」、④天井部の施工仕上げが設計図書に記載された国交大臣告示の仕様に適合していなかった「天井部問題」――の四点にわたった。同委員会は、これらについて、指摘したように会社の全棟検査の結果に基づき、問題物件の図面や構造リストなどの調査を行っている。加えて、デジタル・フォレンジック調査（関係者の電子メールの調査）、同社や施工業者の役職員など延べ一一〇名に対するヒアリング（深山祐助氏へのヒアリングは、同氏代理人弁護士同席の下で行われた）、社員、施工業者へのアンケート調査などを実施している。

その結果、同報告書のおよそ八割は、これらを基にした詳細な事実認定に割かれている。会社の全棟調査を丸呑みしたのは論外として、専門会社によるデジタル・フォレンジック調査やヒアリング、アンケートを裏打ちにした部分の事実認定に、一応の正確性、相応の深度は認めていいと思う。

問題は、そうしたものも踏まえて、問題の真の原因に迫れているか、企業の社会的責任、役員の経営責任に適切な言及が行われたのか、再発防止に向けた有効な提言となっているのか、という点にある。

最終報告書では、唯一、実名でその責任を指摘される人物が登場する。さきほども触れた創業者、深山祐助氏である。「第3編　全体的・本質的な原因・背景」では、「第2経営トップの意向ばかりが強く推し進められるワンマン体制に陥っていたこと」で、次のように述べる（いずれも114ページ）。

「役職員の中には、『当時のレオパレス21には、深山祐助氏と、それ以外の社員という区別しかなかった。』、『レオパレス21では、深山祐助氏に気に入られた営業部門の役職員ばかりが登用された。その結果、営業部門、その中でも深山祐助氏のイエスマンのような役職員らに対しても、設計部門や品質部門等が意見を言えるような雰囲気ではなかった。』などと説明する者もおり、当時のレオパレス21のワンマン体質ぶりや、常に、深山祐助氏の意向ばかりを気にするような企業風土に陥っていた様子がうかがわれる」

「周囲の人間が、同氏（深山祐助氏：引用者注）の意向に沿うことばかりに汲々とする結果、『早期の商品化のためには、法令適合性が二の次になってもやむを得ない』などという意識を持ってしまったのではないか」

さらに、「第4編　関係者の責任」では、深山氏が同委員会のヒアリングの際に、さきほど説明した「本件不備」の事実を「知らなかった」などと答えたことを踏まえて、こう指弾するのだ（116ページ）。

「仮に、深山祐助氏が、『知らなかった』、『問題ないものと思っていた』とすれば、それ自体が経営者として問題であって、同氏の、片や他の役職員らに指示して商品の開発を推し進めつつ、片や法令適合性や品質については知らないという姿勢こそが、本件の各問題の根本的な発生原因の1つである」

まさに深山氏のトップとしての資質に問題があったと断じるのだが、当の深山氏は、別の不祥事で二〇〇六年六月一日付で社長を辞任し、会社から去っている。その後の経営陣、中でも二〇一〇年二月から一〇年近く社長の座にあった深山氏の甥、深山英世社長（一九年五月に退任）をはじめとする問題発覚時の経営陣がほとんど不問に付されているのは、不自然の誹りを免れない。結果として、これだけ世間を騒がせ、入居者やアパートのオーナーに多大な被害を及ぼした事件の責任は、ほとんど創業者一人に帰せられることになった。

なぜ技術者の希薄な倫理観について論じられないのか

そもそも、第三者委員会は、関係者の責任追及を目的とした機関ではない。そこで検証される責任は、不祥事を起こした企業や団体の「社会的責任」であり、組織をマネジメントする立場にあった人間の「経営責任」なのである。この事案に関する、われらが格付け委員会の評価報告書の久保利英明弁護士の一文を引用しよう。文中の「日弁連ガイドライン」については、後の章で述べる。

「通常、日弁連ガイドラインによる第三者委員会は、事故調査と真因究明と再発防止策の提言にとどまり、責任論には踏み込まない。責任論を展開することは法的構成要件にとらわれる結果、個人の故意や過失に拘泥し、結果として組織的要因や企業風土の視点を見落とし、真因を捉え損なうリスクがあるからである」

同報告書は、まさにその「リスク」にはまってしまったのではないだろうか。

報告書に盛られた社内の役職者に対するアンケートの回答には、例えばこんなものもあった（102ページ）。

「絶対者（創業者）の存在、上の指示を鵜呑みにして下に伝えるだけのストローマネジメント体質、自分のことしか考えない視野の狭さ。開発から販売竣工引渡までの一連の流れ全体を俯瞰してコントロールするという発想の欠如、指示後にチェックしない管理不在の風土が考えられます。現在もストローマネジメントが横行しており組織間の連携も不十分」

本質的な問題が「現在進行形」だという指摘には、大きな意味がある。これらを正面から捉え、検討を加えていたなら、今の経営陣の責任が明確化され、より具体的な再発防止策を示すことができていたのではないだろうか。

同報告書は、119ページ以降で「再発防止策の提言」を行う。語られたのは、「経営陣こそが、『コンプライアンスファースト』の強い姿勢を社内外に示すこと」、「その場しのぎの再発防止策に終わることのないよう、役職員らに対して、再発防止策の趣旨・意義にまで立ち返った説明を尽くすこと」、「役職員らに対して、顧客の目線に立って、顧客から感謝される価値を提供することの重要性を自覚させ、品質問題への当事者意識を高めること」（一部略）だった。残念ながら、極めて精神論的な色彩が強く、読む者の腹に落ちるものではなかった。

前にも述べたように、これは人の命に関わる問題だ。にもかかわらず、本来そのことを強く認識しているはずの技術者たちが、ないがしろにしてきたわけである。同報告書では、そうした現場の倫理観の欠如に対する分析、言及も行われなかった。この点について、格付け委員会のメンバーである科学ジャーナリストの松永和紀氏は、こう鋭く指摘している。

「本報告書は考察がコンプライアンスや事業経営リスクに偏り、『（中略）なぜ、建築のプロフェッショナルが、技術者としての倫理にもとる行為を平然と組織的に行っていたのか？』という、市民・消費者が抱く素朴かつもっとも重要な視点が抜け落ちている。

これでは、建築物を作り管理する企業としての信頼回復にはつながらない」

全く同感である。

ちなみに、この外部調査委員会の報告書は、当初メディアに好意的に受けとめられた。その論調を目にしたうえで実際の報告書を読み、認識の落差に愕然としたものだ。想像するに、メディアは、深山祐助氏という「戦犯」が明確になっているのを、喜んだのではないだろうか。

この種の問題で、〝犯人捜し〟をやって溜飲を下げて終わるのでは、問題を先送りするだけだ。第三者委員会こそ、それに抗って、事の本質を追求する姿を見せるべきだと思うのだが。

Ⅱ　大学教育を揺るがす事態に切り込むことができたのか

事案3　日本大学「第三者委員会」
「誰に何を聞いたのか」さえ不明の欠陥文書

●日本大学アメリカンフットボール部における反則行為に係る第三者委員会「中間報告書」（二〇一八年六月二十九日）、同「最終報告書」（同年七月三十日）

●委員会メンバー
委員長＝勝丸充啓　弁護士（元広島高等検察庁検事長、芝綜合法律事務所）
委員長代理＝辰野守彦　弁護士（芝綜合法律事務所）

委員＝本田守弘　弁護士（元検察官、大西清法律事務所）／山口幹生　弁護士（元検察官、大江橋法律事務所）／齋藤健一郎　弁護士（元検察官、渥美坂井法律事務所）／和田恵　弁護士（高野隆法律事務所）／磯貝健太郎　弁護士（芝綜合法律事務所）

●事件のあらまし

二〇一八年五月六日、東京都調布市のアミノバイタルフィールドで行われた日本大学保健体育審議会アメリカンフットボール部「フェニックス」と、関西学院大学体育会アメリカンフットボール部「ファイターズ」との第五一回定期戦において、日大アメフト部のディフェンスを務めるA選手が、関学アメフト部のクォーターバック（QB）B選手に対し、明らかにルールを逸脱した危険なタックルを行い、負傷させた。A選手は、その後もB選手以外の関学の選手二名に反則タックル一回、暴力行為一回を繰り返し、退場処分となった。

試合映像は当日からインターネット上で公開されるが、反則行為自体の悪質性に加え、それが日大アメフト部の指導者（内田正人前監督、井上奨前コーチ）からの指示によるものだったのではないか、との疑念が取りざたされる。A選手による一回目の危険タックルは、テレビのワイドショーなどにもしばしば取り上げられるようになり、日大アメフト部に対する世間の批判が徐々に高まっていった。

事態を重くみた関東学生アメリカンフットボール連盟（以下、「関東学連」と呼ぶ）は、五月九日に規律委員会を設置し、翌十日、A選手の対外試合出場を禁止するとともに、内田氏に対する厳重注意処分などを発表した。同じ日に、関学アメフト部も、説明と謝罪を求める文書を日大側に送付したが、後日受け取った「今回の問題の本質が指導者による指導と、選手の受け取り方に乖離が起きていた点にある」とする返答には納得できないとして、再回答を要求。この間、各大学のアメフト部が、次々に日大との対戦中止を発表するなどした結果、本件は社会問題化していく。

事ここに至り、日大も関係者からの事情聴取などの調査を始めるが、「危険タックルの指示があった」とするA選手と、関学への説明通りの基本姿勢を崩さない内田氏、井上氏の主張は、大きく食い違ったままだった。そのことは、同月二十二日に行われたA選手の単独記者会見、それを受けて翌二十三日に行われた内田氏、井上氏の会見で、一層浮き彫りにされる。

そうしたなか、同月二十九日に、関東学連は、内田氏、井上氏の反則の指示を認定する調査結果を発表した。一方、日大は、もはや自力での調査では限界があるとして、同日開催の常務理事会で、真相及び原因の究明、日大のガバナンス体制などの検証を目的に、弁護士七名からなる第三者委員会（以下、原則として「同委員会」と呼ぶ）の設置を決めた。

同委員会は、同年六月二十九日に「本件反則行為に係る事実関係につき判明した内容」を述べた「中間報告書」を、七月三十日には「最終報告書」を発表した。本書では、主として後者を対象に検討を加えていく。

なお、日大は七月三十日付で、内田氏、井上氏を懲戒解雇とした。*

*なお、内田前監督は、二〇一八年十月に解雇無効と未払い賃金の支払いを求めて提訴していたが、その後、日大は東京地裁の勧告を受け二〇一九年十二月六日付にて懲戒解雇を撤回して前監督は大学を退職するとの内容での和解がなされた。

また、両氏とA選手は、B選手に怪我を負わせた傷害容疑で告訴されていたが、A選手は被害者と示談が成立していること、両氏については嫌疑不十分で、不起訴となった（一九年十一月十五日）。

反則を強要。言い逃れだけでなく、「口封じ」まで

にわかに信じ難い事件が起こったのは、趣味のサークルの世界でも、プロスポーツのフィールドでもなかった。「勝ち負けは別に、正々堂々全力を尽くす」というスポーツマンシップが最も貫徹されるべき学生スポーツの現場を舞台に行われた、なんともおぞましい「不正行為」を、我々は目撃することになったのだ。

ボールを持たない関学の選手が、背後から不意に強烈なタックルを受け、不自然な体勢で倒れ込む映像は、記憶に新しい。日大対関学という人気カードだったこともあって、試合の模様はしっかりビデオに収められていた。それがネット上に拡散するや、卑劣な行為を働いたA選手に批判が集まる。ところが、それが「相手のQBを一プレー目で潰せば試合に出してやる」「QBが怪我をして秋の試合に出られなかったら、こっちの得だろう」といった監督の内田氏、A選手を直接指導する立場にあったディフェンス担当コーチの井上氏の指示を忠実に実行した結果であったことが明らかになると、その矛先は彼らに向かった。

試合終了直後のハドル（フィールド上での情報共有）で、自らの行為に号泣するほど打ちひしがれていたA選手を前に、「こいつには私がやらせた」と発言していた内田氏だったが、自らに強い批判の矢が向けられると、「ルールを無視しろとか、反則もかまわないとかいう指導はしていない」と「論調」を変える。井上氏も「『潰してこい』というのは、プレーに当たっての心構えを話したもので、A選手がまさかルール違反をするとは思わなかった」などと潔白を主張した。

しかし、時間の経過とともに両氏の発言と矛盾する証言などが報じられるにつれて、その旗色は悪化する。決定打となったのが、事件から一六日後に日本記者クラブで開かれた、A選手の記者会見だった。それまで、対外的には、木で鼻をくくったような対応しかしていなかった日大関係者の先陣を切って、加害者のA選手が自らの希望で日本記者クラブにやってきた。二十歳になったばかりの若者が、自らの希望で実名と素顔をさらして謝罪し、当時の様子を語るという異例の記者会見となったのである。その結果、日本中の人びとに、A選手もまた被害者の一人であることを印象付けたあの会見を覚えている人は少なくないだろう。私も感銘を覚えた一人である。

選手自らが会見を開いてしまった――となっては、指導者の立場として、さすがにそのまま隠れてもいられない。しかし、押っ取り刀で翌日に開かれた内田、井上両氏の会見は、A選手の発言の正しさを証明する役割しか果たさなかった。

この事案では、大学の理事が、関東学連規律委員会の事情聴取を受けるA選手とその父親に対し、「本件タックルが故意に行われたものだと言えば、バッシングを受けることになる」などと、暗に内田氏らの関与がなかったような説明を行うように求めたのをはじめ、部員などに対する複数の「口止め工作」があったことも暴露されている。

世間の耳目を集め、結果的に日大ブランドを大きく失墜させることになったこのような異常な事件が、なぜ起こったのか。第三者委員会の調査は、徹底究明の使命を担ってスタートした。

教育やスポーツの専門家が「見えない」委員会

事件は、大学という高等教育機関における課外活動で発生した。第三者委員会を立ち上げるにあたって、まず注意を払う必要があったのは、そのことだ。私自身、大学で長く教鞭を執っているが、大学には一般の企業などとは異なる組織体制や運営方法がある。同じ調査でも、そうしたことを理解しているかいないかで、深度に差が出るのは当然だ。

そうである以上、第三者委員会には、大学教育に精通した専門家が加わる必要があった。

今回の事案に関しては、アメリカンフットボールというスポーツに精通した人間も要るだろう。例えば、発端となったA選手の行為が、ルール上どれくらい重い反則なのか、「危険なタックル」というが、具体的にどの程度の危険度だったのか、調べる側がリアルな認識を持っていることは重要である。さらには、大きく社会問題化した事案であることを考慮して、「社会の目線」を備えた専門家がいれば、理想的だ。

しかし、同委員会は、前述のように七名の弁護士（うち四名は元検事）のみで構成されている。《事案2》のレオパレス21の外部調査委員会も、メンバー三名は全て元検事の弁護士だったが、建築関係の複数の専門家の助言を受けたとして、報告書にその氏名や所属を明記していた。同報告書には、そうした記載もなく、例えば教育に詳しい専門家のフォローを受けたのか否かは、不明である。同委員会は、そもそも「専門性」に大きなクエスチョンマークがついた。

ところで、同委員会は、委員会設置後、約一ヵ月で中間報告書を出し、さらに一ヵ月後に最終報告書を公表している。なお、中間報告書は、事実関係に関する調査結果をメインとしたもので、そこでは、A選手の説明を「合理的かつ自然で、疑問を差し挟むところは見られない」（13ページ）とする一方、内田、井上両氏については、「ルールを逸脱した危険なタックルを指示するなど、およそスポーツマンシップのかけらも認められない」「アメフト指導者としての資質が決定的に欠けているといわざるを得ない」（20ページ）と手厳しく断罪した。あえて付言すれば、「A選手は正直に語っており、指導者の側が自己弁護に終始している」という構図自体は、同委員会が設置される以前からメディア上でも論じられていた「真実」であり、この報告書が新たに掘り起こしたものではない。

ともあれ、この事実認定の部分について、最終報告書で追加された重要事項は、ほとんどない。中間報告書公表の段階で、述べたような明確な事実が認識されたのならば、そこから一ヵ月という時間をかけずとも、真因の追究などは可能だったのではないだろうか。

調査対象者の声が聞こえてこない

同委員会の最終報告書にも、《事案2》の外部調査委員会報告書同様、「日大が当委員会に提出した関係資料やその説明は全て真正なものであること」（4ページ）といった

「前提事項」が、あたかも当然であるかのように記されている時点で、悪い予感を覚えざるを得ない。第三者委員会を名乗るのであれば、依頼者に正しい意味での「疑いの目」を向け、健全な懐疑心をもって、その発言などについて独立的な検証を行うことが、当然の責務であるはずだ。

そうした委員会が提出した最終報告書は、やはり欠陥が露わなものだった。相応の時間をかけたにもかかわらず、日大からの調査委託項目、すなわち「重大な反則行為に係る事実確認に基づく真相究明及び原因究明」、「大学によるアメフト部に対するガバナンス体制の検証」を行い、「再発を防止するための対策」を提示する、という使命に照らしても、極めて不十分な報告にとどまってしまったのである。

同報告書を貫く最大の問題は、現場の「生の声」が全く聞こえてこないところにある。調査方法に関して、「日大アメフト部員及び教職員並びに大学スポーツ関係者を中心とする関係者延べ約100名」を対象にしたヒアリング、「日大アメフト部部員約150名全員」に対するアンケート調査などを行った、と同報告書は言う。ところが、具体的に誰が誰にヒアリングを行ったのか、その口から何が語られたのかは、不明である。

すでに論じた《事案1》、《事案2》の報告書も、決して褒められたものではなかったが、そこには曲がりなりにも調査対象者の肉声が、言い訳も含めて語られていた。「匿名を条件に話を聞いたから」というのは、理由にはなるまい。発言者が特定されないように、真相究明の要となるような発言を記載することは、技術的にいくらでも可能なはずだ。

そうした「裏付け」が曖昧なまま、例えば「選手の主体性が考慮されることなく、選手との対等のコミュニケーションの機会もなく、選手に対し一方的に過酷な負担を強いるような指導実態があり、それはパワハラとも評価すべきものであった」（10ページ）などと「本件事案を招いた背景・原因」を語られても、説得力は乏しい。それが、本当に現場の声を丹念に拾った結果、導かれた結論なのかどうか、確かめる術もないのである。

そもそも、あえて匿名にする必要のない人物もいる。田中英壽理事長をはじめとする、大学の中枢にいる人たちだ。さきほども述べたように、日大は同委員会に対して、「大学によるアメフト部に対するガバナンス体制の検証」「再発を防止するための対策」についての調査を委託している。ならば、大学のガバナンスを統括する立場にあり、四期一〇年の「長期政権」を敷く田中理事長へのヒアリングは、何をおいても実施されなくてはならないだろう。事件の原因は何か、自らに責任はあるのかないのか、失墜した信頼をどう回復しようと考えるのか？　「経営トップ」にそうした点を質したうえで、委員会としての検証、評価を行わなければ、実効性のある再発防止策など描けるはずがないではないか。

しかし、同報告書をつぶさに読んでも、そこに関する記述は一切ない。理事長に話を聞いたのか、聞こうとしたが断られたのかさえ、藪の中なのである。

さらに、同報告書には、事件後の事実経過に関して、「内田氏らが関学大側に直接謝罪するとともに辞意を表明（謝罪については、事前に田中理事長、大塚学長の了解を得ていた。）」（16ページ）、「大塚学長が田中理事長の了承を得て記者会見を開催」（18ページ）のように、「理事長の了解、了承を得て」という指摘が、随所に出てくる。理事長は、この件の事後処理についても、最終的な判断を下す立場にあったことが明白だ。だが、読んだ人間なら誰でも感じる「〝了解の場〟でどのようなことが話されたのか？」「了承されなかったことはないのか？」という問いにも、同報告書は一言も答えてはいない。同委員会の事実認定がその程度のレベルのものであることが、ここでも如実に示されていると言えるだろう。

他方、同報告書は、田中理事長の「事後対応における問題点」について、「競技部任せの『我関せず』の態度を取り続け、およそ当事者意識を欠いたまま、危機対応責任者として、自ら率先して適切な措置を指示することもなかった」（29ページ）と指摘している。重要な局面で判断を仰がれていた人間が、本当に「我関せず」だったのか？　くどいようだが、報告書を読んでも、全くの謎なのである。

巨大組織の改革の道筋は描けたか

そうした「大甘の」事実認定が、どのような結果をもたらすのかも明らかだろう。田中理事長について、同報告書は同じページで、「日大の最高位の立場にある者として、自ら、十分な説明責任を果たすべきである」と進言する。理事長が事件後一度たりとも会見を開かないばかりか、公の場に一切出てこないのは、厳しく指弾されてしかるべきだ。それだけで、経営者としての資格はないと言ってもいいだろう。ただし、その犯した罪からすれば、枝葉の話である。

最も追及されるべきは、反則行為を指示するような内田氏の専横を長年にわたって許容してきたことに象徴される、その経営責任にほかならない。内田氏は当時、アメフト部の監督のみならず、大学の人事担当の常務理事の立場にあった。一競技部の指導者としての資質を決定的に欠く人物を、このような要職に就けて恥じない大学の体質が、事件を生んだのではないか？　田中理事長は、なぜそのような内田氏を重用し続けたのか？　残念ながら、同報告書にそういう問題の本質に迫ろうという意思は、感じられない。

最終報告書に記載の「再発防止策について」においても、その冒頭の四ページ（30～33ページ）に記載されたのは、あろうことか日大が検討し、講じたとされる対策の単なる引用である。それに続いて示された「当委員会からの再発防止策に関する提言」は、その中身を「基本的な方向性においてはいずれも適切なものと評価することができる」としたうえで、「再発防止及びその実効性確保の見地から、付加すべき対策ないし視点について述べることとする」（いずれも33ページ）という位置付けだ。鳴り物入りでつくられた第三者委員会の報告書の締めが、「不祥事を起こした団体の作った再発防止策に付け加えました」では、情けないこと甚だしい。

はたして内容的にも、実現のための方法論や、大学特有の文化、風土にまで踏み込んだ根幹的な提言は、残念ながら見当たらない。「保体審（注：日本大学保健体育審議会、アメフト部をはじめとする競技部はこの下に置かれている）の組織改編」「競技部選手からの相談窓口の設置」といった総花的で、マスコミ受けする言葉が並んだ「提言」が実効性を伴うのかは、はなはだ疑問だ。この中身では、自らの足元が揺らぐ改革を是としない人たちにとっては、痛くも痒くもないだろう。同委員会は、この事案の最高責任者がいまだに〝雲隠れ〟を続けている責任の一端を自覚すべきではないだろうか。

ところで、この事案では、事態の悪化に身を任せてなかなか会見を開かず、開けば「火にガソリンを注いだ」などと一部メディアに揶揄されたような、日大の危機管理の拙劣さも露見した。第三者委員会には無関係の余談だが、日本に「危機管理学部」を持つ大学が三つあるのをご存じだろうか。その一つが、何を隠そう日本大学である。ちなみに、あとの二つは千葉科学大学と倉敷芸術科学大学で、ともにあの「モリカケ問題」で標的になった加計学園グループの大学だ。

余談はまだある。日大危機管理学部があるのは、同大の三軒茶屋キャンパス（東京都世田谷区）。そこで「同居」するのが、今回の事案に登場するアメフト部の井上前コーチが教鞭を執っていた「スポーツ科学部」だった（同キャンパスにはこの二学部のみ）。「悪い冗談」と笑い飛ばしてすませられるかどうかは、読者にお任せする。

事案4　東京医科大学「第三者委員会」

「女子、多浪受験生差別」の実態は明らかになるも、「なぜ起こったのか」には迫れず

●学校法人東京医科大学第三者委員会「第一次調査報告書（平成29年度及び30年度入試の検証報告と是正措置の提言）」（二〇一八年十月二十二日）、「第二次調査報告書」（同年十二月二十一日）、「第三次調査報告書（最終報告書）」（同年十二月二十八日）

●委員会メンバー

委員長＝那須弘平　弁護士（あさひ法律事務所オブカウンセル、元最高裁判所判事）

委員＝半田正夫　弁護士（TMI総合法律事務所顧問弁護士、元青山学院大学理事長・学長）／大野京子　医師（東京医科歯科大学大学院医歯学総合研究科教授）

●事件のあらまし

二〇一八年七月四日、東京地検特捜部は、自分の子どもを東京医科大学の入試に不正に合格させることの見返りに、同大学を文部科学省が行っている大学支援事業の対象校に選定した受託収賄の疑いで、同省科学技術・学術政策局の局長だった佐野太氏らを逮捕した。一方、贈賄者として東京医大の臼井正彦前理事長、鈴木衛前学長の名前が浮上したことなどを受け、同大学は翌五日、当該疑惑に関する事実解明などを目的として、内部調査委員会（委員長＝中井憲治弁護士）を設置した（臼井、鈴木両氏は、七月六日に辞任、同二十四日、贈賄罪で在宅起訴された）。

ところが、この内部調査の過程で、佐野氏の事案以外にも受験生の得点を調整する不正行為が発覚する。同年八月六日に公表された報告書では、医学部医学科の一般入試において、女子と三浪以上の男子受験生の合格者数を抑制していたことや、「裏口入学」の依頼を受けた受験生の得点を不正に加点していた事実が明るみに出る。

女子や浪人生に対する差別は、少なくとも二〇〇六年から行われていた。大学側は、調査委員会に対して、「女子は年齢を重ねると結婚、出産などで長時間の勤務ができない」、「浪人を重ねると、なかなか成績が伸びない」などと、その理由を述べた。

他方、臼井、鈴木両氏は、裏口入学を依頼された受験生の名前や受験番号を記したリストを持ち寄り、得点を操作していた。合格した場合は、大学への寄付をもらうほか、個人的な謝礼を受け取ることもあったという。一七年入試では、一三人について一次入試の得点が加点され、一八年は佐野氏の息子も含む六人が加点されていた。

こうした事態を受けて、林芳正文部科学大臣（当時）は、全国の国公私立大学の医学部を対象に、入試が公正に実施されているかどうかを緊急調査すると表明。その結果、他の複数の大学でも不適切な事案が判明し、特に女子受験生の扱い、医師を含む女性の働き方について、議論を巻き起こすこととなった。

東京医科大学は、内部調査委員会の調査を踏まえ、入試をめぐる同大学の問題行為に関する事実調査および原因の究明、必要な改善案の提示を目的に、同年八月二十八日に第三者委員会（以下、原則として「同委員会」と呼ぶ）を設置した。同委員会は、冒頭に記した三つの調査報告書を公表しており、本書ではその全てを考察の対象としている。

なお、内部調査の結果を受けて、同大学は「女子の減点や浪人生に対する得点調整は今後一切行わない」と表明した。一九年の入試では、前年度、男女間で三倍以上の開きがあった一般入試の合格率が、男子一六・九％、女子一六・七％と拮抗し、図らずも差別の影響の大きさを見せつけるかたちになった。

「入試の差別」にどう挑んだのか

ある意味、金品などの見返りに特定の受験生を合格させる「裏口入学」に、目新しさはない。この事案では、大学入試に際して、女子と浪人を重ねた受験生が、本人の知らないところであからさまに不利な扱いを受けていたこと、とりわけ入試における「女性差別」の実態が、大きな関心を呼んだ。

同委員会は、説明したような経緯で設置され、三度にわたって報告書を出したわけだが、すでに論じた《事案1》～《事案3》のそれに比べれば、内容に評価できる点もあったという感想を、初めに述べておきたい。

まず委員の構成から見ていこう。委員長は、弁護士で元最高裁判事、委員はやはり弁護士の大学理事長・学長経験者と、女性の医師・教授がメンバーだ。このほか、補助者として委員長が所属する事務所から五名の弁護士が指名されている。

いずれも東京医科大学との関係において「独立性」は担保されており、大学運営および医学の専門家が選任されていることから、「専門性」においても大きな問題はないと言っていいだろう。欲を言えば、入試という大学にとって特別のイベント（そこで学生の質が決まり、一年間の売り上げも決まってしまう）に精通したプロを含めるべきだったかもしれない。

同委員会は、東京医大から「平成30年度の医学科入学試験における不適切な行為の有無及び当該行為がなかった場合の入学試験の具体的な結果を最優先の調査事項として調査を行い、平成30年10月15日時点において入手できた資料に基づき、同月22日までに報告を行うこと」（第一次調査報告書・1ページ）を求められていた。レオパレス21の外部調査委員会などと同様、依頼主に調査の条件を設定されたわけである。

本来、第三者委員会にとって「あるまじき」構図になるのだが、この事案の場合は、大学運営に起因する特殊事情もあった。すなわち、前年度の入試では、合格点に達していたのに、大学の不適切な行為により不合格にされた多数の受験生のいた可能性が高い。彼女や彼に、例えば翌年度からの入学を認めるといった救済策を講じるためには、それに間に合うように、いち早く具体的な状況を明らかにする必要がある——という事情である。

実際、二ヵ月弱後の大学側の指定日に公表された第一次調査報告書には、不当な得点調整などが行われなかった場合の「合格者選定名簿」（非公開）が添付され、速やかに入試委員会を開催して、それに基づく追加の合否判定を行うべきだ、といった提言が行われた。そこから、約二ヵ月の時間をかけて「第二次調査報告書」、「最終報告書」が発表されるのだが、全体の調査期間としては、「付け焼刃」ではない時間が確保されていた。

明らかになった露骨な「不正」の実態

東京医大が同委員会に対して、「最優先の調査事項」として二〇一八年度の入試の検証を提示したのは述べた通りだが、本来は一三年度から一八年度までの「入学試験における不適切な行為等の調査」が、同委員会設置の主な目的である。私があえて「評価できる点もあった」と言うのは、この調査が三通の報告書を通じて、個別調整データの復元ができなかった一五年度、一六年度の一般入試及びセンター利用入試の第二次試験分を除いた入試について全て実行され、とりあえず明確な「答え」が示されているからだ。
調査は、同大学や内部調査委員会から提供された電子データを含む調査事項に関連する資料の精査、最終報告書の段階で同大学役職員（退職者を含む）及び外部関係者三七名に対する延べ五五回のヒアリング、同大学の理事、監事、主任教授を対象とする入試に関するアンケート調査などのかたちで行われた。その結果明らかにされた実態の一部を列挙してみよう。

一八年度の入試に関する第一次報告書では、同委員会のヒアリングで、入試委員を含む複数の委員会出席者から、「入試委員会の冒頭で、去年は女性が多かったから、今年は男性を多く取りたいという趣旨の発言が鈴木氏からあった」という証言が得られた、とされている（26ページ）。鈴木前学長は、合否判定を行う入試委員会の委員長として、全体の議論を主導する立場にあった。

入試の得点が高い順に氏名を記載したのが、合格者選定名簿である。説明してきたように、性別や多浪か否かという「属性調整」及び理事長ないし学長が恣意的に学務課の職員に指示して加点させた「個別調整」（裏口入学）によって、この名簿順が歪められていたわけだ。同委員会が、そうした調整を排除して作成した「復元名簿」、すなわち本来合格していた受験生の名簿と比較した結果、同年度の問題行為は、次のような数字になって表れた。

一般入試の順位が二二六位（問題行為を除き、同年に繰り上げ合格となった受験生の順位）以内の復元前→復元後の男女比（同順位の複数の受験生を含む）は、男性＝一八七名（八一・三％）→一五八名（六五・八％）、女性＝四三名（一八・七％）→八二名（三四・二％）。本来入学を許されていたはずの女子の受験者の半数近くが、不合格になっていたのである。

第二次報告書には、一三年度、一四年度の「小論文の得点変更」に関する、こんな生々しい記載もある（いずれも26ページ）。

小論文を評価する「小論文検討会」は、「実際には、臼井氏が、特定の受験生に対して恣意的な加点を行う場になっていた。具体的には、臼井氏が、加点対象の受験生の受験番号と仮番号を記載したメモを『小論文検討会』に持参し、事情を知るA氏（当時副学長）とともに、加点対象の受験生の答案を検討するときに、『もっと高くてよいのでは。』などと意見を言い、事情を知らない他の出席者の同意を得た上で、加点をするという方法がとられていた」

「A氏は、『小論文検討会』終了後に回収されるべき小論文の答案用紙や小論文素点リストを小論文検討会の場の外に持ち帰っていた。（略）また、当時の資料からすると、A氏は、答案用紙を持ち帰った日の翌日、A氏が持ち帰った後の確認・検討結果を、臼井氏とともに、入試用システムに入力するように学務課の職員に指示し、入試用システム上のデータに反映させていた」

さらに、最終報告書では、「当委員会の調査の過程で、第一次報告書及び第二次報告書記載の問題行為以外の問題、具体的には、問題漏洩が行われた疑いが生じた」と指摘し、次のような事実を公表した（いずれも2ページ）。

「調査対象期間中の入試において一般公募推薦入試を受験した特定の受験生（略）が、試験日の直前頃、通っていた予備校において、当該予備校の講師や予備校生に、『試験問題が手に入った』などと吹聴していたという情報提供がもたらされた」

「これを踏まえて本件受験生の試験成績を確認したところ、本件受験生は、一般公募推薦入試において、小論文で全受験生中1位の点数を得ていた」

問題漏洩は、「合理的な疑いの余地を残すもの」（3ページ）だったが、同委員会のヒアリングに対して、東京医大の関係者は、自身の試験問題漏洩への関与を否定した。同委員会は、この件については、関連する調査に長時間を要する可能性が高いことなどから、踏み込んだ判断を保留したまま最終報告を行った、と説明している。

自ら「限界」を語る報告書

以上のように、同委員会は、一三年度以降の東京医大の入試結果を検証し、新たな疑惑もあぶり出した。「どんな操作が行われたのか」という入試の実態を明らかにし、不当にも不合格とされた受験生の救済に一役買ったのは事実だろう。では、公正であるべき入試が、そのように長年にわたって歪められてきた真因に、たどり着くことはできたのだろうか？

ご多分に漏れず、同委員会も、それぞれの報告書で、「本報告書は、限られた期間において、現時点で存在している任意に提供された資料及び情報に基づき行われた調査・検証の結果である。当委員会は、可能な限り真実を追求すべく努力したが、合理的に推測される範囲内での記載にとどまった箇所もあるなど、その結果には自ずと限界がある」とエクスキューズする。調査主体が「限界」を自認する以上、先の問いに対しては「分からない」と答えるしかない。

言葉尻を捕らえるのではなく、原因究明に向けた同委員会の調査には、大きな限界が見受けられる。最大の問題は、「疑惑の主」である臼井前理事長、鈴木前学長へのヒアリングが行われていないことだ。結果的に、《事案3》の日本大学の第三者委員会と同じ瑕疵を抱えた調査報告書になってしまった。

日大の理事長と違い、両氏が刑事被告人だという事情はあるだろう。しかし、第三者委員会との接触が法的に禁じられているわけではない。同委員会が、真相究明のために必要不可欠なプロセスと位置づけ、ヒアリングを行う努力を払ったのかどうかも、報告書からは読み取れない。

そうした現実もあって、報告書の「結論」部分は、やはり物足りない中身に終わっている。

最終報告書では、問題の「動機・背景」について、「大学と受験生との関係について、ともすると大学運営者が裁量をもって自由に受験生の中から合格者を選抜できるとの認識に立って行われたと考えざるを得ない」（16ページ）と指摘する。なぜ、そのような認識が醸成され、看過されてきたのかは不明だ。

さらに、不正の「原因」は「不正をチェックできる機会の欠如（不正を行う機会の存在）」にあったとして、具体的には、入試委員会の合否判定の議論を学長が主導していたこと、内部通報制度が機能しなかったこと、学務課において長期間にわたり人事異動がなされていなかったこと——などを挙げている（18〜20ページ）。しかし、これらの指摘は、必ずしもこの事案に限った問題とは言えず、事の本質をえぐり出すような説得力には乏しい。

東京医大関係者の責任についての明確な言及がないのも、この報告書の特徴と言えるだろう。臼井、鈴木両氏には直接話を聞かなかった同委員会だったが、他の関係者に対するヒアリングなどを通じて、両名の不当な裁量の事実や、それを放置してきた同大学全体のガバナンスの機能不全に対する認識は持っていた。ならば、その部分に切り込んで、評議員、理事なども含めた経営責任を追及すべきだったにもかかわらず、議論が行われた形跡が見当たらないのである。

そうした分析の結果、示された「再発防止策に関する提言」（20〜22ページ）では、例えば次のように述べる。

「東京医大が、学内に存在する男性・現役生を優遇する思想や特定の受験生を優遇することを許容する土壌から決別し、大学としての体質を根本的に改善していく努力をすることが必要かつ不可欠である」

「理事長や学長による不正や不当な要求が行われないよう監視し、また、そのような要求を受けた場合には適切に排除できるようにするため、（略）制度を整える必要性は引き続き存在する」

決して間違ってはいない。だが、長期にわたって不正を学内の誰一人、問題視してこなかった「土壌」や「体質」が、本当にこうした提言で改められるのか、実効性については疑問だと言わざるを得ない。

この事案は、他の医学系大学にも飛び火し、複数の大学の入試でも、同様の「女性差別」などのあったことが明らかにされた。さらには、女性医師やそれにとどまらず女性全般の働き方、職場での差別問題の議論に一石を投じるものとなった。客観的に見て、そうした社会性を持つ事案だっただけに、真因の追究などに関して尻切れトンボのような報告書になってしまったことが、余計に残念でならない。

なお、東京医大の入試に関しては、最終報告書で指摘された問題漏洩のほか、国会議員による合格依頼など、未解明の疑惑が存在することとなった。そのため、これらの問題について、あらためて第三者委員会による追加報告を求めたため、同委員会は二〇一九年二月二十八日付で、「追加調査報告書」を公表している。そこでは、最終報告書で指摘された事実（その疑いを含む）のうち、①問題漏洩に関する事項、②寄付金に関する事項、そして、③看護学科の入試選抜に関する事項について行った調査結果と、それらに対する再発防止策を記載しているが、第三者委員会報告書格付け委員会が評価報告を行った後のものであり、本書での検討対象としては取り上げていない。

確かに、長期間にわたる不正事案の場合、その調査には、相応の時間が必要であろうが、本事案のように、四ヵ月の間に、実に、四度にわたって調査報告書が公表され続けるというのでは、真実を知りたいと願う関係者にとって大いに問題があるように思われる。

III 相次いだ企業不祥事。かくして真相究明への期待は裏切られた

事案5 神戸製鋼所「外部調査委員会」報告書を公表せず。それをやったらオシマイの「反面教師」

●当社グループにおける不適切行為に関する報告書（二〇一八年三月六日）

●外部調査委員会（報告書は非公開）メンバー

委員長＝松井巖　弁護士（元福岡高等検察庁検事長）

委員＝山﨑恒　弁護士（元札幌高等裁判所長官、元公正取引委員会委員）／和田衛　弁護士（元検事）

●事件のあらまし

二〇一七年八月末、大手鉄鋼メーカー、神戸製鋼所の生産するアルミ、銅製品などに関するデータ改ざんが明るみに出た。公的規格や顧客仕様を満たしていない「不適合製品」にもかかわらず、検査結果を改ざんまたは捏造することにより、それを満たすものとして出荷、提供していたのである。これらは、幅広い産業分野で使用されており、トヨタ自動車の一部車種、JR東海の東海道新幹線、三菱航空機が開発中の国産ジェット旅客機「MRJ」（当時、現在は「三菱スペースジェット」）向けの素材も含まれていた。その後の調査分も含め、不適合製品の納入先は、国内外の約七〇〇社に上ることが判明している。

このような不正行為は、同社の「品質自主点検」の結果明らかになったものだが、点検によりグループの複数の事業所で同様の行為が常態化している事実が確認されたこと、一部の工場で自主点検に対する妨害行為が認められたことなどから、同年十月二十六日に弁護士三名をメンバーとする「外部調査委員会」を設置して、以後の調査を引き継いだ。同社は、「2017年12月には、（略）更に徹底した調査が必要である旨の外部調査委員会からの連絡等を踏まえ、調査期間を延長するとともに、全調査期間を通じて、当社は、外部調査委員会の調査に全面的に協力した」(「報告書」2ページ)とする。しかし、そうした経緯を経て一八年三月に公表された「報告書」は、その外部調査委員会のものではなく、社内のコンプライアンス委員会などの検討結果なども加味して、会社自身が作成したものだった。

この事案で不正競争防止法違反(虚偽記載)の罪に問われた同社に対し、一九年三月十三日、立川簡易裁判所は、求刑通り罰金一億円の有罪判決を言い渡した。これを受けて、同社は「判決を厳粛に受け止め、再発防止策の実行にグループを挙げて取り組む」とのコメントを発表したが、皮肉にも工場での品質保証の仕組みを見直したことなどが生産現場の混乱を招き、収益低下の一因となるなど、事件の影響は尾を引いている。

皮肉にも日本のコンプライアンス制度づくりに「貢献」

KOBELCO・神戸製鋼所という企業に、どんなイメージをお持ちだろう? 「技術力の高い、日本を代表するものづくりの会社」であることは、間違いない。だが、同時に、私のような「企業の不正問題」に関心を持つ人間たちは、「本当に懲りない会社だな」という認識で一致する。何年かごとに、世間の耳目を集める不祥事を起こし、そのたびに「再発防止に努めます」と頭を下げてきたのが、神鋼という企業のもう一つの顔なのである。

一九九九年の「総会屋」への違法な利益供与による二〇〇二年の神戸地方裁判所の所見の公表に始まり、〇五年の「橋梁談合事件」への関与、〇六年の自家発電ボイラなどからの大気汚染物質排出データ改ざん、〇九年の七年間にわたる計約三〇億円の申告漏れ、一一年にも約一七億円の所得隠し、さらに一七年約一一億円の申告洩れ等——と、二〇〇〇年以降の「主な」ものだけで、これだけある（いずれも発覚した年）。今回の事案も、もともとは一六年に明らかになった子会社のバネ用鋼材の強度改ざん（強度が日本工業規格を満たさないにもかかわらず、ＪＩＳマークを表示）問題を機に、グループ全体に対して品質自主点検を要請した結果、露見したものだった。

どれもこれも許し難いものではあったが、日本における企業のコンプライアンス（法令遵守）議論を喚起し、関連する制度が整備される大きなきっかけとなったという意味で、先の総会屋への利益供与事件は、特筆すべきものだったといえる。というのも、同社が裏金を作って特殊株主に渡していたとして摘発されたこの事件では、株主代表訴訟で当時の役員の賠償責任が追及されたのだが、和解成立を促した神戸地裁は、次のような異例ともいえる「所見」を公表したのである。

「取締役は、商法上固く禁じられている利益供与のごとき違法行為はもとより大会社における厳格な企業会計規則をないがしろにする裏金捻出行為等が社内で行われないよう内部統制システムを構築すべき法律上の義務があるというべきである」

これを受けて、和解金の支払いと、社内にコンプライアンス委員会を設置することなどを内容とする和解が、〇二年四月五日に成立した。

この二年前の二〇〇〇年には、一九九五年に発覚した「大和銀行ニューヨーク支店巨額損失事件」の大阪地裁判決が、行員の不正を見抜けなかった代表取締役以下十名の被告役員の「内部統制の構築義務」、「監視義務」を認め、彼らに総額約八三〇億円の巨額賠償を命じていた。今ではポピュラーな「コンプライアンス」の考え方、それを実現するための「内部統制」の仕組みだが、実はこの大和銀行と神鋼の二つの事件を発端に強く意識されるようになり、〇六年制定の金融商品取引法に内部統制報告書の提出とそれに対する監査人の監査が義務付けられるといった形で、法的に整備されることとなったのである。

しかし、世の中を動かすほどのインパクトのある不祥事を起こしたにもかかわらず、自らは教訓をくみ取ることもなく、同社は述べたような不祥事をその後も繰り返した。そこには、不正を起こす（防げない）抜きがたい企業風土のようなものがあるのは、疑いようがない。同時に、不祥事が大きなグループの中の違う場所、異なる形で繰り返されていることにも、注目する必要がある。それぞれの事案には、特有の原因が存在するのかもしれない。それらを解明するのが、この事案に関して設置された外部調査委員会に課せられた任務だったはずだ。

なぜ報告書を「見せない」のか

だが、正確には、同委員会が何を調べようとしたのかも判然としない。ここで検討する「当社グループにおける不適切行為に関する報告書」の執筆者は、その外部調査委員会ではなく、調査を依頼した神戸製鋼所だからである。「本報告書の位置付けと構成」（2ページ）には、こうある。

「本報告書は、外部調査委員会の調査結果を受け、当社のコンプライアンス委員会、品質ガバナンス再構築検討委員会及び品質問題調査委員会における検討結果と併せて、当社として、本件不適切行為に係る事実関係、原因分析及び再発防止策等を取りまとめたものである」

問題を起こした会社がこうした文書を作成することを、あえて無意味だとは言うまい。だが、唯一「第三者」の視点で調査を行った外部調査委員会の報告が、こうした形で「非公開」にされたことで、「本報告書」自体の信頼性は損なわれた。「自分たちに都合のいいところだけをピックアップして、そうでないところは、例によって隠蔽しているのではないか」という疑念を払うには、少なくとも外部調査委員会の報告書が、併せて公表される必要があった。そうしない理由を、同報告書はこう続ける。

「(略)当社は、米国司法当局から書類提出要求を受けており、本報告書作成日現在も米国司法当局の調査下にある。また、(略)カナダにおいて本件不適切行為に関わる損害賠償請求訴訟が提起されている。このような状況下において、外部調査委員会の調査結果の詳細を公表することは、米国等におけるリーガル・プラクティスに整合しない」

この場合の「リーガル・プラクティス(法律実務)」とは、具体的には欧米で認められている「弁護士依頼人間秘匿特権」を指す。依頼人を守るために、依頼人と弁護士とのやり取りを、当局の調査や裁判の証拠から外すことができる権利のことだ。これを盾に第三者委員会の調査結果を公表しないことに、正当性はあるのだろうか？　ここはその道のプロの意見を聞こう。

われら「格付け委員会」の委員長で弁護士の久保利英明氏は、同委員会の報告書で、そもそも「第三者委員会や独立調査委員会は刑事事件の被疑者の弁護人でも、民事損害賠償事件の代理人でもない」ので、その調査は、米国法で秘匿特権の対象となる「依頼人と弁護士とのやり取り」には当たらない、と明快に述べる。にもかかわらず、それを持ち出す同社の主張は、「証拠開示義務を免れようとするものとしか受け取れない」と指摘するのだ。

また、同じ報告書で、やはり弁護士の國廣正氏は、「調査報告書を公表することが、非公表とした場合を上回る不利益をステークホルダーに与える蓋然性が認められる場合には、調査報告書それ自体を非公表とする場合があっても致し方ないと考える」という立場を明らかにしたうえで、次のように述べる。

「しかし、そのためには『非公表とした場合を上回る不利益をステークホルダーに与える蓋然性』について、具体的に説明することが必要である」

「（略）ステークホルダーが求めているのは、信用性が低い社内調査の結果ではなく、独立した外部調査委員会の結果である。したがって、外部調査委員会の調査報告書それ自体の公表ができない場合であっても、できる限り（つまり、米国での訴訟に悪影響を及ぼさない方法、範囲で）その調査結果を明らかにすべきである」

そうした姿勢は、同社の対応からは一切うかがえなかった。垣間見えたのは、真相究明、再発防止策の明示という社会やステークホルダーからの要請に応えることではなく、ひたすら目の前の訴訟による「被害」を、最小限に留めようとする本音だったとも言える。いずれにせよ、これだけの重大事案に関する外部調査委員会の報告書を非公開にした理由を、「米国等のリーガル・プラクティスとの不整合」で片づけたのは、不当の一語である。

付言すれば、同社は「外部調査委員会の調査結果には、多数の個人情報及び顧客情報並びに営業秘密を含む秘密情報が含まれている」こともその理由にしたいようだが、これも滑稽な言い訳だ。この言い分が通るのならば、世間に公表される第三者委員会報告書は、一つもなくなるのではないか。公表の仕方を工夫するのも、第三者委員会の腕の見せどころのはずだ。我々の知りたいのは、特定の個人情報ではなく、「そこで何が行われ、原因はどこにあったのか」ということなのだ。

独自調査ゼロ、信頼性もゼロ

繰り返すが、同報告書は、外部調査委員会のほか、社内に設置された三つの委員会の調査結果を踏まえて、会社が「まとめた」ものだ。具体的に、そのどの部分に外部調査委員会の調査結果が示されているのかも、判別不能である。

だから、これは一般の第三者委員会報告書とは性格が異なる文書だ。それを了解したうえで取り上げたのは、事案が神戸製鋼所という有名大企業が起こした、社会的にも大きな波紋を呼んだもので、企業の説明責任のあり方としても、まさに「反面教師」というべき教訓的な事案だったからである。

同報告書は、「外部調査委員会は、（略）委員会設置前の社内調査に関与がなく、当社と利害関係を有しない弁護士を選任することにより、調査の客観性・独立性を担保している」（1ページ・脚注）と述べている。だが、社内の委員会の調査結果とひとまとめにされた瞬間に、この「宣言」が意味を失うことは、誰にでも分かる理屈だ。同報告書自体の「独立性」「中立性」を担保するものは、何もない。

くどいようだが、これは「いろいろな調査結果をまとめた」もので、報告書の主体が独自の調査を行っているわけではない。そういう「つくり」になっていることもあって、全体の調査体制は十分だったのか、必要な専門性を有していたのか、「これを調べる」という調査スコープが正しく設定できていたのか、といった点については、検証するのさえ困難だ。

では、まとめられた中身はどうだろう？　報告書は、「工程能力に見合わない顧客仕様に基づいて製品を受注・製造していたこと」といった「直接的原因」を挙げつつ、その背景には、「収益偏重の経営と不十分な組織体制」、「バランスを欠いた工場運営と社員の品質コンプライアンス意識の低下」、「本件不適切行為を容易にする不十分な品質管理手続」という三つの「根本的原因」があったと指摘する（39〜40ページ）。

その詳細について、およそ八ページにわたって述べていくのだが、第一にこれらの原因は、一七年十一月十日に、やはり同社が公表した「当社グループにおける不適切行為に係る原因究明と再発防止策に関する報告書」で、すでに触れられていたものだ。その後、外部調査委員会を中心にどれだけの深度のある分析がなされたのか、新たな報告書からは読み取れない。

実際、同報告書では、例えば「工程能力を踏まえた適切な措置が講じられなかった背景」に、「生産至上主義が、各拠点に根付いていたということが挙げられる」として、次のように述べる（44〜45ページ）。

「このような生産至上主義により、各拠点では、受注の成功と納期の達成を至上命題とする生産・納期優先の風土が形成され、短期的利益を確保する目的で本件不適切行為を行うに至り、本件不適切行為が長期化するに従って、本件不適切行為が顧客を裏切る行為であるという意識さえも薄れていったと推察される」

事実ならば驚きの実態と言うしかないが、そのように「推察」する根拠を、この報告書は明示していない。果たしてどこの拠点で、誰に対するどのような調査の結果、こうした結論になったのだろうか？

書かれている内容も、事態の表面をなぞったものに過ぎない。企業間の競争が激しくなる中で、「生産至上主義」は、どこのものづくりの現場でも陥りやすい〝落とし穴〟であろう。多くの企業は、それを認識しつつ、落ちない工夫や努力を払っているのである。なのに、神戸製鋼所という過去にもあまたの不祥事を経験した企業に、それができなかった理由、指摘のような「風土」が、具体的にいつからどのようにして形成されたのか、どうして長い間「不適切行為」が見逃されてきたのか？　そういった「本当に知りたいこと」には、まったく踏み込めていないのだ。

結果的に「責任回避」に加担した

同報告書には「経営責任」に関して、こんな記述もある。

「当社のグループ会社では、過去にも本件不適切行為と類似の行為が複数発覚しており、当社経営陣は、これを、神戸製鋼グループ全体の品質コンプライアンスを見直す好機と捉え、全社的かつ抜本的な対応を行うことも可能であった」

報告書の主体すなわち会社も、こういう認識は、持つことができたのだ。続けて報告書は、実際に経営陣がこれらの事案に対してとった対応は、しかし「具体的な再発防止策の策定・実行をグループ会社に委ね」るなど、「いずれも局所的かつ対症療法的なものにとどまっていた」と指摘し、こう結論付ける。

「これは、当社経営陣の品質コンプライアンス意識が十分でなかったことを示すものであり、その結果、当社経営陣は、上記の事案を、本件不適切行為の未然防止や早期発見に繋げることができなかった」（いずれも41ページ）

「経営陣の品質コンプライアンス意識の不足」は、同じ項目の中でもう一度繰り返されるのだが、失礼ながら、まるで「小学生の反省文」だ。「過去の不祥事は、品質コンプライアンスを見直す好機でした。でも、今回もやっぱりコンプライアンス意識が足りませんでした」と述べているだけなのだから。

分析すべきは、「経営陣に求められる品質コンプライアンスとはどういうもので、何が足りなかったのか」「今回もそれが発揮できずに、対症療法にとどまったのはどうしてか」「それは誰の責任なのか」ということにほかならない。

同報告書は、複数の役員について、個別に責任の所在を特定している。しかし、経営トップを含む上級役員は不問に付された。不正がグループ内で幅広く実行されてきたにもかかわらず、彼らの経営責任、あるいは企業の社会的責任についての記述は、全くない。

報告書の公表を受けて会見した川崎博也会長兼社長（当時）は、「経営陣のコンプライアンス意識の低さがあったのではと後悔している」、だが「不適切行為について、本社からの指示は一切ない」と述べるにとどまった。同社が「品質コンプライアンスを見直す機会」は、またも失われたのではないかと危惧する。

企業不祥事などに際して公表される調査報告書の一義的な目的は、株主や取引先などのステークホルダーへの説明責任を果たすことにある。しかし、誤解を恐れずに言えば、会社作のこの報告書の主目的はそこにはなく、自らの責任回避、具体的には将来的な訴訟対策にあったのではないだろうか。

そうだとすれば、外部調査委員会は、結果的にそれに手を貸したことになる。会社が「独立した外部調査委員会の調査結果を踏まえた」と強調することで、自作の報告書の「中立性」をアピールするのに、一役買ったのである。

会社には、外部調査委員会から受け取った報告書から、〝いいとこ取り〟して(不都合な部分をオミットして)、自分たちの報告書に再編集することが可能だった。もし、そういうことが行われたのならば、外部調査委員会のメンバーは、進んでその事実を明らかにすべきではないだろうか。同委員会の調査が、会社報告書レベルの深度しか持たないものであったなら、それはそれで問題だ。いずれにしても、同委員会に対しても、及第点を付与するのは難しい。

事案6　東芝「第三者委員会」
東芝の東芝による東芝のための「不適切な」報告書

●調査報告書（二〇一五年七月二十日）

●委員会メンバー

委員長＝上田廣一　弁護士（元東京高等検察庁検事長）
委員＝松井秀樹　弁護士（丸の内総合法律事務所　共同代表弁護士）／伊藤大義　公認会計士（元日本公認会計士協会副会長）／山田和保　公認会計士

●事件のあらまし

第一幕は、二〇一五年五月八日に行われた「一五年三月期の連結決算の発表を延期し、期末配当を見送る」という、東芝の突然の発表だった。ここから、日本を代表する総合電機メーカーが演じた巨額の会計不正の実態が明らかになっていく。

この発表を遡ること三ヵ月の二月十二日、同社は、証券取引等監視委員会（ＳＥ

SC）から、社会インフラ事業に関して金融商品取引法第二十六条に基づく報告命令を受け、開示検査を受けていた。ちなみに、問題が発覚したのは、同社関係者からSESCにあった内部通報が発端である。三月下旬には、同社の自己調査の過程で、インフラ関連の工事進行基準案件絡みの会計処理について、「調査を要する事項」が判明する。

こうした事態を受け、四月三日、同社は室町正志会長（当時）を委員長とし、社外の弁護士、公認会計士も委員として参加する「特別調査委員会」を社内に設置し、自ら本格的に事実関係の調査を始める。しかし、次々に新たな問題が見つかったこともあり、五月十五日、表記の委員会メンバーに加え、複数の法律事務所の弁護士一八名及び公認会計士七七名を補助者とする外部専門家のみから構成される「第三者委員会」（以下、原則として「同委員会」と呼ぶ）を設置した。

同委員会は、同年七月二十日に「調査報告書」を公表し、「不適切会計」（利益の嵩上げ）が、〇八年度から一四年度第3四半期までで、計一五一八億円に上る、とした。会社の自主チェック分と合わせると、その額は一五六二億円となり、当初同社が発表していた五〇〇億円の三倍超に膨れ上がった。同社は、翌日付で田中久雄社長、佐々木則夫副会長、西田厚聰相談役の歴代三社長を含む、前取締役一六名のうち八人が引責辞任するという異例の事態に追い込まれる。

こうした粉飾決算は、同社の業績にも大きな影を落とすことになった。一六年三月期連結決算では、四六〇〇億円の最終赤字を計上。この間、一万四〇〇〇人規模の人員削減や再配置、家電、パソコン、ＬＥＤ照明事業などからの撤退や、医療機器子会社の東芝メディカルシステムズのキヤノンへの売却などが行われた。

一五年秋には、東京証券取引所が、同社株式を「特設注意市場銘柄」に指定し、上場廃止の瀬戸際に立たされるという一幕もあった（一七年十月十二日に解除）。また、一八年三月期決算でも、子会社向け債権の売却益計上によって、なんとか二期連続の債務超過を免れ、上場を維持することになった。

同社は、一八年六月一日、半導体子会社の東芝メモリを米投資ファンドが率いる「日米韓連合」に売却した。かつて営業利益の九割を稼いでいた主力事業も失い、「東芝は別の会社になった」とも評された。

「第三者」を理解しない「第三者委員会」

Ａ４判およそ三〇〇ページに上る同委員会の「調査報告書」は、本文冒頭の「第三者委員会設置の経緯」で、次のように述べる（14ページ）。

「東芝は、（略）日本弁護士連合会の定めるガイドラインに準拠した、東芝と利害関係を有しない中立・公正な外部の専門家から構成される第三者委員会（略）による調査の枠組みに移行することを決定した」

第三者委員会に関する「日弁連の定めるガイドライン」については、章をあらためて説明するが、同委員会がそれに準拠しているというのは、「嘘」である。委員長以下、同委員会メンバーや、それに任命された補助者の「独立性」「中立性」には、とりあえず問題はないかもしれない。委員には、弁護士に加え、会計の専門家である公認会計士も選ばれているから、「専門性」も担保されているとみていいだろう。しかし、そうした形式が整っているから、即第三者委員会の要件を満たすと認めるわけにはいかないのだ。

同委員会の姿勢に根本的な問題が存在することは、本文冒頭の「調査の前提」で、すぐに明らかとなる（19ページ）。

「本委員会の調査及び調査の結果は、東芝からの委嘱を受けて、東芝のためだけに行われたものである。このため、本委員会の調査の結果は、第三者に依拠されることを予定しておらず、いかなる意味においても、本委員会は第三者に対して責任を負わない」

文中の「第三者」は、「株式会社東芝以外の人たち」を指す。だが、これは「日弁連ガイドライン」が「基本原則」に掲げる、次の規定と明らかに矛盾する。

「第三者委員会は、すべてのステークホルダーのために調査を実施し、その結果をステークホルダーに公表することで、最終的には企業等の信頼と持続可能性を回復することを目的とする」

「東芝のためだけに」行う調査ならば、クローズド・システムで、好きなようにやればいい。しかし、「日弁連ガイドラインに沿った第三者委員会」は、それとは違う。第三者委員会を自称しつつ報告書を出さなかった《事案5》の神戸製鋼所とは異なるパターンだが、いずれにしても、同委員会も第三者委員会を名乗る資格はない。本来の目的以外のことに看板を利用するのは、いかがなものだろう。

調査対象から「外された」二つの重大事案

報告書を読み進めると、次に気づくのは、「調査方法の不可解さ」である。

同報告書は、「調査方法等の概要」の中で、「調査対象期間」について、「2009年度から2014年度第3四半期（ただし、2009年度の有価証券報告書に記載されている比較対象年度である2008年度を含む。）を対象期間とした」（17ページ）と述べる。調査の結果、この期間の「不適切会計処理」が一五〇〇億円超に上ったと指摘し、メディアも無批判にその数字を伝えたのだが、なぜ調査期間をこの六年ほどに設定したのか、同報告書には書かれていない。調査対象年度初年度の〇九年には、辞任した三代の社長のうち二代目である佐々木氏が、初代の西田氏からバトンを受け継いでいるが、そのことと何か関係があるのか、単なる偶然なのかも不明だ。

さらに重大なのは、以下の問題だ。同委員会が東芝から「委嘱」された調査対象は、①工事進行基準案件に係る会計処理、②映像事業における経費計上に係る会計処理、③ディスクリート、システムLSIを主とする半導体事業における在庫の評価に係る会計処理、④パソコン事業における部品取引等に係る会計処理――の四項目だった。依頼主に調査対象を絞られ、それを受け入れている時点で、第三者委員会「失格」なのだが、その結果、この不正会計事件の真相を本気で究明しようと思ったら避けて通れないはずの二つのことがらが、同委員会の調査から「外される」ことになったのである。

　一つは、〇六年二月に、当時の西田社長によって行われたアメリカの大手原発メーカー、ウエスチングハウス（ＷＨ）買収の一件だ。原子力事業を半導体と並ぶ主力事業に育成したいと考えていた同社は、三菱重工業や米ゼネラル・エレクトリックなどとの競合の末に、五四億ドル（当時の為替レートで約六四六七億円）の巨費を投じて、同社を「落札」する。この買収額からＷＨの純資産額を引いた、いわゆる「のれん」は、約三五〇〇億円に上った。ＷＨ買収による原発事業の将来性からみて、それを「安い」と踏んでいたことになる。

　しかし、目論見は外れる。当時から「高値掴み」の指摘があったＷＨだったが、一一年に発生した福島第一原発事故によって、東芝が描いていた原子力の成長戦略は、名実ともに幻となった。結果的に〝お荷物〟と化した原発事業への過大な投資の失敗を糊塗するのが、会社全体を巻き込んだ利益嵩上げの動機の一つになったのではないか、と見る識者は少なくない。当時の経営判断が正しかったのかという点に加えて、のれんをはじめとするＷＨに絡む会計処理がどうなっていたのか、どう処理しようと考えていたのかを解明することなしに、事の本質には迫れまい。

二つ目に、同報告書では、これだけの「不適切会計」を結果的に「見逃した」監査法人の監査についての検証が行われていない。こちらは、はっきり「やらない」と明記している（286ページ）。

「（略）外部の独立会計監査人としての監査が適切であったか否かの評価のためには、監査業務の全体的な枠組みとプロセスの視点からの組織的かつ綿密な調査が必要であり、委嘱事項について調査を実施する本委員会ではかかる評価は行わない」

言うまでもなく、上場企業には「正しい会計処理が行われているのか」を独立した監査人が調べる会計監査が義務付けられている。仮に、もっと早い段階で監査によって不正が暴き出されていたら、損失は少なく抑えられていた可能性もある。それができなかった監査のどこが問題だったのか、あるいは東芝が監査法人に対して組織ぐるみで不正を隠し続けて監査を「妨害」した事実があるのか？　それも、この事案の謎を解く大きなポイントだ。

事実、監査を担当した新日本有限責任監査法人（現ＥＹ新日本有限責任監査法人）は、一六年九月、「不適切会計」を見抜けなかったとして、東芝の個人株主に一〇五億円の損害賠償を求める株主代表訴訟を提起されている。実はさきほどのＷＨは、一五年に原発建設会社を買収し、それが新たな巨額損失を生んだことが、のちに明らかとなる。原告側は、一九年一月にその問題による損失も訴えに追加し、請求額をなんと一兆円に引き上げた。ステークホルダーが監査法人の仕事に疑いの目を向けるのは、もはや時代の要請である。

これは「会計事案」なのだ。事件の真相に迫るためにも監査人の行った監査対応について調査しないのでは、怠慢のそしりを免れまい。この点、委員会に加わった会計士は、いかなる考えをもっていたのか。

「不適切会計」という新語を使った罪

ところで、同報告書でも東芝のニュースリリースにおいても、この事案は「不適切な会計処理」と表現されている。似たものに「不適切な関係」があるが、それと同じように言葉の使い方にいかがわしさを覚えるのは、私だけだろうか。そもそも、「不正会計」とそれは、どこが違うのか？

同委員会のメンバーには、会見で「明確に違法性の認められるものが『不正』であり、今回は『不適切』とした」という趣旨の発言をする人もいたが、私に言わせれば詭弁である。それこそ、その法的根拠を示してもらいたい。

企業の起こす会計上の問題は、万国共通、英語にすれば“fraud”＝「不正」だ。“fraudulent financial reporting”は「不正な財務報告」で、「不適切」などと訳せば笑われる。会計の世界では、エラーであろうが、意図的なものであろうが、法に問われようが問われまいが、事実と異なる財務情報、会計情報を公にしたら、それはもう「不正」なのである。東芝の事件の際に飛び出したこの「不適切会計」という新語は随分と罪なワードではないだろうか。

「大した問題ではないだろう」と言うなかれ。報告書を鵜呑みにした新聞は、こぞって「東芝の不適切会計」と見出しに打った。読む者に「大新聞がわざわざ不適切という言葉を使うのだから、不正というほど悪質ではないのだろう」という印象を、どれだけ植え付けたことだろう。

実際、同報告書が公表された年の年末（一五年十二月二十五日）、金融庁は、この件に関して東芝の「有価証券報告書等の虚偽記載に対する課徴金納付命令」を決定し、同社もそれに従っている。東芝が国庫に納めた課徴金は、約七四億円だ。同委員会は、国にこれだけの代償を払わされた行為を「不適切」で片づけたことになる。しかし、その後、二〇一七年十月二十日に取りまとめた「内部管理体制の改善報告」においては、正式に「不正会計」と表記するようになった。

トップがダメダメだったから、防げなかった？

組織のあり方、調査の方法自体に重大な問題を孕む東芝の第三者委員会だが、その調査報告書は、さきほども触れたように、三〇〇ページにも及ぶ「大作」だ。その大半が、前述した東芝から委嘱された四項目について、東芝本社や子会社の役員・従業員計二一〇名からのヒアリング、同社から提供された情報の検証、関係者のパソコンのデジタル・フォレンジックなどの手段で実施した調査の結果に費やされている。私は、この四項目の事実確認に限るならば、ある程度深い調査が行われたと思っている。

例えば、次のような記載からは、当時の利益嵩上げの切迫度が伝わってくる。

一二年九月二十七日の社長月例会議において、パソコンの製造・販売を行う社内カンパニーの社長が、事業の損益見込みの大幅悪化を報告したのに対し、当時社長だった佐々木氏が「残り3日での120億円の営業利益の改善を強く求めるとともに、検討結果を翌日である9月28日に報告することを求めた」。緊急に集まった社内カンパニーの関係者は、その日のうちに可能な「損益対策」を策定し、翌日、コーポレートの副社長や財務部長に説明のうえ、佐々木氏に報告して「承認」されたというのだ（228〜229ページ）。

そこで行われたのは、「バイセル」という、「委託製造先に部品を売って、できた製品を買い戻す取引」を利用した、絵に描いたような粉飾である。報告書には、他にもそのバイセルの不正な会計処理などによって、いかに同社が架空の利益を積み上げてきたのかが、詳細に検証されている。

問題は、そうした調査を踏まえて、巨大不正会計事件の真因に迫ることができたのか、ということだ。報告書は、「直接的な原因」と「間接的な原因」に分け、前者については、①経営トップらの関与を含めた組織的な関与、②経営トップらにおける意図的な「当期利益の（実力以上の）嵩上げ」の目的、③当期利益至上主義と目標必達のプレッシャー、④上司の意向に逆らうことができないという企業風土、⑤経営者における適切な会計処理に向けての意識又は知識の欠如、⑥東芝における会計処理基準又はその運用に問題があったこと、⑦不適切な会計処理が、外部からは発見しにくい巧妙な形で行われていたこと――を指摘している。広範な理由を挙げているが、言い方を変えれば「総花的」だ。

例えば、経営トップの責任について、上記①で「本案件のうちいくつかの案件については、Ｐ（社長：引用者注）、ＧＣＥＯ（事業グループ担当執行役：同）又はＣＦＯ（財務部担当執行役：同）といった経営トップらが意図的な見かけ上の当期利益の嵩上げの実行や費用・損失計上の先送りの実行又はその継続を認識したのに、中止ないし是正を指示しなかったものが認められる」などとしたうえで、次のように述べている（２７６ページ）。

「（略）多くのカンパニーにおいて同時並行的かつ組織的に実行又は継続された不適切な会計処理については、経営判断として行われたものと言うべく、これを是正することは事実上不可能であった」

このくだりは、後で触れる「内部統制」と関連する。内部統制の議論において、実際に仕組みを機能させるためには、トップの誠実性や倫理観、不正を許さない経営姿勢が鍵になる、という理解は重要だ。逆に言うと、「それを欠く人物が上に立てば、下が何を言っても無理」というのは、一理ないわけではない。

しかし、そうした議論を援用してこのように結論付けたいのなら、その前に「トップがどのようにダメだったのか」を、徹底的に洗い出す必要があるだろう。我々が知りたいのは、なぜそのような「経営判断」が行われたのか、という経営トップの具体的な動機、不祥事の真の原因にほかならないのだ。それが分からなければ、この会社の経営判断の過ちは、また繰り返されるのではないか。

残念なことに、肝心のその部分についての言及は、同報告書のどこにも見当たらない。これでは、原因究明の責任放棄以外の何ものでもない。引責辞任したとはいえ、当の三人の元社長は、不正会計への直接の関与を否定している。経営責任は、例によって曖昧模糊としたままなのである。

ハリボテだった「内部統制の優等生」

一方、「間接的な原因」としては、「人事ローテーション」や、「内部通報制度が十分に活用されていなかったこと」などを挙げつつ、特に各部門で「内部統制が機能していなかったこと」を強調する。だが、それも「経理部による内部統制が機能していなかったことを裏付けている」、「(略) カンパニーの指揮命令系統から独立した内部監査部門が設置されていなかったことが、内部統制が機能していなかったことの一因であることを指摘できる」といった記述が並ぶのみだ。どうしてそうした状況が放置されていたのか、という点に関して深掘りがなされた形跡は見当たらない。

加えて私が不満に思うのは、「内部統制の何が問題だったのか」についての分析がまったく行われていないことだ。内部統制とひとくちに言っても、「統制環境」（さきほど論じた経営者の理念）の下に、「リスクの評価と対応」、「社内の権限や責任関係の明確化といった統制活動」、「真実かつ円滑な情報と伝達」、「モニタリング体制の整備」「ＩＴへの対応」――という基本的な構成要素があり、それらが一体になってプロセスとして機能するものなのである。そうした個別の要素の検討が必要で、それなしに論じても、根本的な問題を洗い出すことは難しい。

実はこうした個別の要素についての分析を行わない（行えない）のは、そもそも内部統制の何たるかを理解していないからではないのか、と私は疑っている。この事案に限らず、企業不祥事の「総括」の際によく指摘される「内部統制の機能不全」だが、説明したような分析が行われているケースは、ほとんどないと言っていい。

同報告書では、三〇〇ページの最後の五ページほどで、「再発防止策（提言）」を述べている。真因に迫れなかった結果、当然のように「経営トップ等の意識改革」、「企業風土の改革」、「強力な内部統制部門の新設」といった、単なる総論レベルにとどまった。

東芝は、〇三年に経営の業務執行機能と監督機能を分離した「委員会設置会社」に移行し、社外取締役も選任されている。日本におけるコーポレートガバナンス（企業統治）の先駆けともいえる「優等生」だったはずだが、一〇年後の実態は〝仏作って魂入れず〟だったわけだ。もし、その「落差」の原因を解明した調査報告書ができていたら、今後に生きる「公共財」としても、価値の高いものになっていたに違いない。

事案7　東洋ゴム工業「『免震積層ゴムの認定不適合』に関する社外調査チーム」

経営責任曖昧なまま「再発防止策」を提言も、新たな不正が発覚

●調査報告書（二〇一五年六月十九日）

●調査チームメンバー

代表＝小林英明　弁護士（長島・大野・常松法律事務所、以下のメンバーも全て同事務所所属弁護士）

メンバー＝岩村修二／園田拓也／辺誠祐／坂尾佑平／脇谷太智／青柳徹／板谷隆平／豊田紗織／三島可織

●事件のあらまし

平成の末、すでに取り上げた神戸製鋼所のほか、日産自動車（排ガスデータ）、三菱自動車（燃費データ）、旭化成（杭打ちデータ）など、相次いで品質管理にかかわる不正問題が発覚した日本企業の〝ワン・オブ・ゼム〟として、東洋ゴム工業も名

を連ねた。しかも、同社の場合は「二度あることは四度」あった。

まず二〇〇七年十一月、同社の製造した硬質ウレタン製断熱パネルの耐火性能に偽装が判明する。国土交通大臣による防火認定を取得する際の試験で、実際の製品には使用しない難燃材料を混ぜていた。認定の不正取得は、一九九二年から行われていた。

世間を驚かせたのは、一五年三月十三日、同社と同社一〇〇％子会社の東洋ゴム化工品の製造・販売した建築物の免震機構に用いられるゴム製部品（免震ゴム）について、不良品の出荷や性能データの偽造があった、という国土交通省の発表だ。同省は、同日付で該当する三種類の製品の大臣認定を取り消したが、それらは国内の自治体の庁舎、病院、マンションで使用され、棟数は一五〇あまりに及ぶとされた。

免震ゴムは、正式には「高減衰ゴム系積層ゴム支承」といい、建築物の基礎部分に取り付けることで、地震のエネルギーを吸収し、建物の揺れを軽減する。九五年の阪神淡路大震災で建物の倒壊が相次いだことから普及が進み、公共建築物や病院などに採用が広がった。品質確保のために、建築基準法は全製品に国土交通大臣の認定を義務付けているが、同社は、〇四年七月から一五年二月にわたり、性能検査の担当者がその数値を改ざんしたりして、免震性能が確保されていない製品の供給を続けていたのである。

同社は、この問題に関する「社外調査チーム」を立ち上げ、同チームは一五年二月八日から調査を開始、六月十九日に報告書をまとめた（公表は同二十二日）。同月二十三日、当時の山本卓司社長ら社内出身の取締役五人全員が、偽装を防げなかったことなどの責任を取って辞任する意向を明らかにした。

この事案の悪質性は、山本前社長らが刑事責任を問われる状況になったことでも明らかだ。大阪府警は、一七年三月、枚方寝屋川消防組合に出荷した免震ゴム一九基が不正競争防止法違反（虚偽表示）に当たる疑いがあるとして、前社長ら一八人の幹部と、法人としての同社及び子会社の東洋ゴム化工品を地検特捜部に書類送検した。同特捜部は、子会社のみを起訴し、同年十二月、枚方簡易裁判所は求刑通り罰金一〇〇〇万円の判決を言い渡した。幹部らについては、嫌疑不十分、社会的制裁を受けているなどの理由で、不起訴、起訴猶予となった。

時間を戻すと、同社の不正は免震ゴムで終わりではなかった。社外調査チームが報告書をまとめ、トップが辞任した四ヵ月後の一五年十月十四日、今度は船舶や鉄道車両などに使われる防振ゴムの性能偽装を公表する羽目になったのである。

防振ゴムは、エンジンや機械による振動や騒音を吸収する機能を持つ。不正は内部通報で発覚し、〇五年以降に製造し、国内一八社に納入されたおよそ九万個の製品について、規格値に満たない場合にデータを改ざんしたり、試験を行っていないのに過去のデータを転記したりしていた。それらの製品には、強度の性能が基準値の上下一〇%以内をも満たないものもあったという。

さらに、一七年二月七日、船舶向けのバルブに使用される「シートリング」と呼ばれる産業用ゴム製品で、必要な検査などを行わずに出荷するという不正が明らかになる。ここでも、検査の成績表に過去のデータを転記するという手口が用いられていた。過去の不祥事を受けた再発防止策を進める中で、「堂々と」別の不正を働いていたことになる。

こうした相次ぐデータ偽装は、同社の企業価値を大きく棄損するとともに、業績に深刻な影響を与える。建築物向けの免震ゴムのデータ偽装は、とりわけ高くついた。部品の交換や改修工事費などが嵩んだ結果、同社の一六年十二月期決算は、リーマンショック以来八期ぶりの最終赤字に転落した。

同社は、一七年末、主力のタイヤと自動車部品以外の事業を売却した。一九年一月からは、社名も「TOYO TIRE（トーヨータイヤ）」に改めている。

「危機対応のチーム」というエクスキューズ

さて、「社外調査チーム」の報告を見ていこう。この調査チームは、調査報告書の冒頭部分で、自らを「企業危機に対応するための調査チームであり、（略）いわゆる日弁連ガイドライン型第三者委員会ではない」と宣言している。「日弁連ガイドライン」については後述するが、要するに「私たちは、世間で言われる第三者委員会とは違いますよ」とわざわざ断っているのである。

この場合、「企業危機に対応する」とは、「目前のピンチを乗り越えるため、（外部の弁護士として）問題点を洗い出し、しかるべき方策を指し示す」ことだと解することができる。そのこと自体は、弁護士のコンサルタント的な業務として、間違ってはいまい。依頼主の相談に乗り、適宜必要なアドバイスを行い、そこに報告書を提出すればよいのかもしれない。

ところが、報告書を受け取った東洋ゴム工業は、記者会見を開いたうえで、それを自社のホームページと東京証券取引所の「ＴＤｎｅｔ　適時開示情報閲覧サービス」に開示したのだ。この瞬間、報告書は「社内文書」ではなく、ステークホルダーをはじめとする世間に対して公表された調査結果となった。この点で、調査チームは、当人たちがどのように自己を規定しようとも、「独立性」「専門性」などを備え、不祥事の真因や責任の所在の究明、再発防止策の提示を謳う第三者委員会の性格を帯びざるをえない。

それにしても、自らは「あくまで危機対応のチーム」とバリアを張りながら、外に対しては第三者委員会よろしく「これが真実です」と語るというのは、悪意はないのかもしれないが、潔い振る舞いには見えない。そうした姿勢が、調査チームの「独立性」に、大いなる疑問を生じさせもするのだ。

報告書では、「社外調査チームは、調査報告書の客観性を保つため、自らの判断で調査方法等を決定し、自らが起案権をもって本調査報告書を含む調査結果資料を作成することとした。／社外調査チームの構成員は、いずれも（略）ＴＲ（東洋ゴム工業：引用者注）及びＣＩ（東洋ゴム化工品：同）とはこれまで利害関係を有していなかった者である」（２ページ）とされている。

一方、報告書には、調査チームが立ち上がる以前の一五年二月二日に、データ偽装の事実を知った会社関係者が、その疑いのある製品の出荷を停止すべきかどうかについて、調査チームの代表である小林英明弁護士らと面談し、アドバイスを受けていた事実が記載されている（264ページ）。つまり、この社外調査チームは、一度会社の「相談」に乗った弁護士が、そのまま代表者を務める組織だったわけである。実は、代表だけでない。小林氏を含め一〇名の調査チームのメンバーは、全員が同じ法律事務所に属していた。「弁護士ばかりの調査チーム」は珍しくはないが、さすがに「一社独占」というのは異例である。「第三者委員会」を名乗らない（名乗れない）ことと、恐らく無関係ではないのだろう。

今回の調査には、「専門性」についても、疑問が残る。対象となった案件は、すぐれて技術的な専門性が高いことばかりだ。調査、検証のためには、「その道のプロ」の知識が不可欠だ。

報告書によれば、記載の事項については、北海道大学大学院の飯場正紀教授による「一定の検証を経た」という。しかし、「時間的な制約から」報告書の全てについて同教授による検証を得ることはできなかったとして、「本調査報告書に記載した事項について技術的な観点からの疑義が生じた場合等には、別途、技術的検証を行うことが求められる」（いずれも7ページ）という、半ば責任放棄に近い話になっている。

単純比較はできないが、およそ四ヵ月という調査期間は、第三者委員会の中では長い部類だ。「時間的制約」を持ち出すのは、いかがなものか。そもそも、こうした事案では、専門家を正式メンバーないしはそれに準じるポジションに据えて、逐一検証を加えていくのが、あるべき姿のはずだ。技術面の専門性が十分に担保されていないのでは、調査の信頼性に疑問符を禁じ得ない。

経営トップが半年以上も不正を放置していた

ところでこの報告書は、本文だけでA４判二九〇ページに及ぶ。添付資料を含めると、厚さ三センチになろうかというボリュームである。

余談ながら、報告は文字数が多ければいいというものではない。今回に限らず、第三者委員会の報告書に分厚いものが多いのは、書き手である弁護士の習いなのか。読者であるステークホルダーには、一般の人も含まれることを意識して作成すべきだというのが、個人的な感想である。あくまでも、公表すること自体が目的ではなく、中身を多くの人に読んでもらいたいと考えるのならば、ではあるのだが。

さて、その今回の報告書で詳細に語られているのが、チームの名称にも冠されている「免震積層ゴム」のデータ偽装がいかにして行われていたか、という事実経過だ。確かに、そこには問題発覚後もその公表などをめぐって揺れ動く組織の実態が、リアルに描写されている。

報告書で明らかにされた問題の経緯の概要は次のようなものだ（２４９～２６５ページ）。

ことの発端は、一三年一月に免震ゴム性能検査の担当者が異動により交代したことだった。後任の担当者が、検査に技術的根拠のない恣意的な数値が用いられていることに気付く。そうした検査は、一〇年以上前の二〇〇〇年十一月から行われていた。後任担当者は、一三年の夏頃、その事実を上司である開発技術部長に報告するものの、放置される。担当者から取締役に問題が伝えられたのは、一四年五月のことだった。当時社長だった信木明氏に報告されたのは、そこからさらに二ヵ月後の七月十七日である。

これだけ重大な情報が、事態を認識した現場からトップに届くまで一年もかかったことも驚きだが、さらにここからの同社経営陣の行動は、許し難いものだった。ようやく本格的な調査に乗り出した同社ではあるが、同時に、大臣認定の性能評価基準を満たす技術的根拠などについて、要するに今の製品のままで「シロ」にできないか、という議論を進めていた。

同年九月十六日に信木氏らが出席して開かれた会議では、午前中に製品の出荷停止や国交省への報告を決めたものの、午後にはその方針が覆る。簡単に言うと、現場から試験機の違いによって実測値に一・四倍程度の差が出るという報告がもたらされ、その差異を解消するためのデータ補正などを行えば、出荷停止予定だった製品の性能指標を大臣認定の性能評価基準に適合させることができる、という説明が行われたからだった。

一五年に入り、結局そうした「再計算」の前提が誤っていたこと、出荷済みの製品の多くが性能評価基準を満たしていなかったことが、経営陣の共通認識となる。同社がデータ改ざんの事実を国交省に報告したのは、同年二月九日だった。経営トップが事態を認識してから半年以上、同社は「不良品」を出荷し続けたことになる。

このように、内部で行われていたことは克明に解き明かした報告書なのだが、では、同じような不正を繰り返す同社に「再生」の道筋を示すものとなったのだろうか？　その点では、やはり及第点を付けるわけにはいかない。

総花的な「原因」「再発防止策」

報告書は、この不正が起こった「原因及び背景」として、次の項目を挙げ、それぞれについて説明を加えている（268～281ページ）。

すなわち、①規範遵守意識の著しい鈍磨、②規範遵守意識の鈍磨を醸成させる企業風土、③管理・監督機能の脆弱性等、④会社としてのリスク管理の不備、⑤社内監査体制の不備、⑥経営陣の意識・判断の甘さ、⑦社内報告体制の不備、⑧社内調査体制の不備、⑨開発技術部門及び法務・コンプライアンス部門の地位の脆弱性、⑩既存のガバナンス制度の不活用、⑪検査におけるデータ処理過程の記録化の不備、⑫断熱パネル問題発生時の調査の不十分、⑬断熱パネル問題の再発防止策の不奏功――を列挙する。

長々引用したのは、そこに「企業の組織運営について問題となるほぼ全てのこと」が網羅されているからだ。裏を返せば、「人命にかかわるデータの偽装を繰り返した東洋ゴム工業という会社の、どこに問題があったのか？」という真因に迫るものになっているとは、到底言い難いのである。

このように、問題点の摘出が総花的であることに加え、それぞれについての分析も、上辺だけのものにとどまっている。例えば、前記の②について、報告書はこう述べる（268ページ）。

「（略）本件の問題行為が行われたことの原因を、問題行為を行った個人の資質のみに求めることは、事態を矮小化するものであって、許されない。TR及びCIには、社員の規範遵守意識の鈍磨を醸成してしまう企業風土があったと考えるべきである」

申し訳ないが、この出来事が「個人の資質のみに」よって惹き起こされたものでないことは、報告書で二六〇ページにわたって述べられる事実経過を斜め読みするだけで、了解できる。我々が知りたいのは、「なぜ組織的な不正が発生し、発覚後も長い時間そのままにされたのか？」ということであって、それを「企業風土」という曖昧模糊とした概念に落とし込んでしまっては、何も言っていないに等しい。ちなみに、②の短い説明文の中に「企業風土」という表現が三度出てくるが、次々に社員の規範遵守意識を失わせてしまうというその恐るべき存在そのものについての解説は、何ら見当たらない。

総花的な原因の指摘は、悪しき「企業風土」をはびこらせてきた「主犯」である公算が大きい企業トップをはじめとする経営陣の責任を、相対的に薄める役割をも果たしている。⑥で語られているのは、次のようなことだ（271〜272ページ）。

「ＴＲの経営陣には、そのような（高い規範遵守意識を持つことなど：引用者注）姿勢、意識が十分であったとはいい難く、免震積層ゴムに関する知識の欠如もあいまって、（略）緊迫感に欠けた楽観的な認識に基づく対応がなされた」

「さらには、ＴＲ及びＣＩの一部の経営陣及び従業員においては、本件を国土交通省等に対して報告し公表すること等のリスクと、本件を公表等しないことのリスクを比較にかけた上で、公表等しないことが適切であることを暗に示すなど、コンプライアンス意識の欠如が著しい者も存在した」

ここでも「では、なぜコンプライアンス意識が欠如していたのか？」といった「真の原因」は、謎のまま残されてしまった。

こうした分析を基にした「再発防止策の提言」が深度あるものになるのかどうか、推して知るべしであろう。「コンプライアンス体制、内部統制の総点検」において記載された「経営陣の意識改革」では、こう述べる（２８３ページ）。

「（略）既存のガバナンスの仕組みを適正に活用できなかったことについても、会社経営陣として真摯に反省し、これらを適正に活用するためには何が必要になるのか、どのような場合にこれらの制度を活用することが企業としての危機管理に資するか等ということを個々の経営陣が考え、経営陣間で討議した上で、その認識を共通にしておくことが肝要である」

この「提言」では、いずれも仮称のコンプライアンス監視委員会、内部監査部の新設も盛り込まれた。しかし、こうしたシステムが機能するかどうかは、まさに「経営陣の意識」にかかっていると言っていい。そこが不十分だと〝仏作って魂入れず〟になることは、報告書自身が上記「原因及び背景」の⑩で指摘する通りである。

その肝の部分について、「真摯な反省を踏まえて、これからどうしていくのかをそれぞれが考え、話し合って結論を出しなさい」と、報告書は言うのだ。それで、金輪際、誤った「認識を共通に」しないと考えるのは、無邪気すぎはしないだろうか。

性能データの改ざんが行われていたのは、地震国日本の高層マンションや公共施設、医療機関などに使われる製品である。結果的に不起訴、起訴猶予だったものの、後に会社幹部に対し告発状が出され、その社会的責任が厳しく問われる事態にもなっている。彼らの経営責任に対する報告書の言及は、異様に映るほど甘いと言うしかない。

かくて過ちは繰り返された

報告書は、そのラストを次のような言葉で締めくくる（290ページ）。

「TRは、断熱パネル問題、本問題と二度にもわたり、大きな不祥事を起こしている。本問題を受けてTRが策定する再発防止策が形式的なものであったり、その実施が不完全なものであったりすれば、TRの存亡の危機を招きかねない。『三度目の不祥事を起こしたら、会社の存続は危うい』、TRの全ての役員及び従業員は、かかる意識をもち続けなければならない」

しかし、残念なことに、半年もたたない一五年十月、「三度目の不祥事」が明らかとなる。同社製の防振ゴム製品について、同じような性能試験データの改ざんなどが行われていたのである。免震ゴム問題を受けて「再発防止策」を実行に移し、同年八月には製品の「安全宣言」を出していた同社の信頼は、文字通り地に落ちた。当然のごとく株価が下落するなど、企業価値が重ねて損なわれたのは、言うまでもない。

この点では、われらが「第三者委員会報告書格付け委員会」において、そもそも調査対象を免震ゴム問題に絞り込んだ「調査チームの罪」も議論になった。同委員会の久保利英明委員長は、同委員会の評価報告書で、こう述べる。

「『今現に直面している企業危機事案』対応という会社の設定した役割の限界から、調査が過去の断熱ボード事件に及ばず、スコープが免震集積ゴム部門に限定されたことから『傍流事業における不祥事の頻発』という真因究明が疎かになった。２４４ページ以下の『本件問題行為の分析』として、この点を指摘しているのに、同様の問題を抱える『防振ゴム事業』の調査スコープが欠落していた。（略）こうした不祥事常習企業では幅広い調査スコープと深掘りが必須であった」

同社においてデータ偽装が相次いだのは、非タイヤ部門だった。仮に、その全域を対象とする精緻な検証が行われていたならば、防振ゴムやその後のシートリング問題も、同時に発見できていた可能性がある。膿を出し切ることで、会社は二重三重の企業価値の棄損を免れることができたかもしれないのだ。「企業危機に対応するための調査チーム」は、結果的にその負託に応えることはできなかったことになる。

視点を変えれば、不祥事を認識した企業や団体が安易に「第三者委員会」に事態を丸投げし、中途半端な調査報告で事を収めようとすることのリスクが、この事案でも示されたと言えるのではないだろうか。

Ⅳ 「国の名誉」に関わる事件の解明を任されたが

事案8

朝日新聞社「第三者委員会」

慰安婦報道をめぐり、各自が「ジャーナリズム論」をぶつけ合う場に……

●報告書（二〇一四年十二月二十二日）

●委員会メンバー

委員長＝中込秀樹　弁護士

委員＝岡本行夫　外交評論家／北岡伸一　国際大学学長／田原総一朗　ジャーナリスト／波多野澄雄　筑波大学名誉教授／林香里　東京大学大学院情報学環教授／保阪正康

●事件のあらまし

朝日新聞は、第二次大戦中に山口県労務報国会下関支部動員部長だったと自称する吉田清治氏（故人）への取材を基に、一九八〇年三月七日付朝刊（川崎・横浜東部版）に「連載　韓国・朝鮮人２（27）　命令忠実に実行　抵抗すれば木剣」という見出しで、「一回ほど朝鮮半島に出かけ、〝朝鮮人狩り〟に携わった」という「吉田証言」を初めて掲載した。若者一〇〇人を集め、労働力として日本に送った、というものだった。八二年九月二日付朝刊（大阪本社版）の「朝鮮の女性　私も連行元動員指導者が証言　暴行加え無理やり」では、直接指揮して日本に強制連行した朝鮮人は約六〇〇〇人、うち九五〇人が慰安婦だった、という吉田氏の講演の中身が報じられ、同紙の紙面に慰安婦が登場する。以来、九四年一月二十五日付朝刊まで、朝鮮人慰安婦に関する吉田証言が、断続的に同紙に掲載されることとなった。

一方、歴史学者の秦郁彦氏は、吉田氏が二〇〇人の女性を拉致したと証言する韓国済州島での現地調査などを踏まえて、九二年四月三十日付産経新聞及び同年五月一日発行の雑誌「正論」において、「吉田証言は疑わしい」と指摘した。九六年には、吉田氏本人が「本に真実を書いても何の利益もない」と、慰安婦問題を語った過去の著作に創作を交えた、と「告白」する。

秦氏の指摘以降も吉田氏絡みの記事を掲載していた朝日新聞は、九七年三月三十一日付朝刊の慰安婦問題に関する特集紙面で、「氏の著述を裏付ける証言は出ておらず、真偽は確認できない」とした。しかし、吉田証言記事に対する訂正、取り消しは行わなかった。

同紙が吉田証言をはじめとする慰安婦報道の本格的な「検証」を行ったのは、そこから実に一七年半が経過した二〇一四年八月五日付および六日付の朝刊紙面の特集記事においてである。政府による、慰安婦問題を謝罪した一九九三年の「河野談話」の見直しが現実味を帯びるといった政治情勢の下、「沈黙」を保っていると同紙の過去の報道姿勢が問われかねないという判断が、背景にはあった。

検証では、あらためて吉田氏の「『済州島で連行』証言」は、「裏付けが得られず虚偽と判断」としたうえで、同氏に関連する一六本の記事を取り消した（追加調査で、さらに二本を取り消し＝同年十二月二十三日）。しかし、新聞他紙や週刊誌などのメディアを通じて、長く誤報を放置してきたうえに、紙面で謝罪を行わなかった朝日新聞社に批判が集中する。

さらに、八月二十九日に予定されていた、「この問題を新聞社として謝罪すべき」という内容のジャーナリスト池上彰氏の連載コラム「新聞ななめ読み」の掲載をいったん見送っていたことが発覚するなどして、検証記事掲載後も同社の姿勢には多くの疑問が投げかけられた（コラムは同年九月四日に掲載）。

こうした状況を受け、同社は同年十月九日、弁護士やジャーナリストなどから構成される「朝日新聞社第三者委員会」（以下、原則として「同委員会」と呼ぶ）を設置、吉田証言の取り扱いを中心とする事実関係や同紙の報道姿勢、これからのあり方の検討などを、外部の手に委ねることになった。

なお、同年十二月五日には、同委員会の報告を待たずに、木村伊量社長が退任した。この一件と、当時同紙が批判にさらされたもう一つの「吉田問題」（東電福島第一原発の故吉田昌郎元所長の、いわゆる「吉田調書問題」をめぐる誤報。事故当時、「（福島第一原発の）所員が大挙して所長の命令に反して福島第二原発に撤退」「命令違反の離脱行動があった」と朝日新聞が報じたが、後に誤報と判明し、記事を取り消した問題）の責任を取ったものだった。

世界に「誤解」を発信、日韓関係にも影

特定の企業や団体が不祥事を起こし、その信頼を失墜させるのとは違い、朝日新聞による一連の吉田証言報道は、国際世論や外交関係に影響を与えた。同報告書は、「国際社会に与えた影響（岡本委員、北岡委員）」で、日本軍が多くの女性を拉致し、強制的に従軍慰安婦にしていたというイメージの形成に、「（同紙が：引用者注）大きな影響を及ぼした証拠も決定的ではない」としつつ、こう指摘する（52ページ）。

「しかし、韓国における慰安婦問題に対する過激な言説を、朝日新聞その他の日本メディアはいわばエンドース（裏書き）してきた。その中で指導的な位置にあったのが朝日新聞である。それは、韓国における過激な慰安婦問題批判に弾みをつけ、さらに過激化させた。／第三国からみれば、韓国におけるメディアが日本を批判し、日本の有力メディアがそれと同調していれば、日本が間違っていると思うのも無理はない。朝日新聞が慰安婦問題の誇張されたイメージ形成に力を持ったと考えるのは、その意味においてである」

「誇張されたイメージ」は、そう簡単に拭えるものではなかった。従軍慰安婦問題は、今現在も調査、検証が続く、依然として日韓関係の根っこにあるイシューであり続けている。それどころか、「少女像」問題などをめぐり、両国（民）のヒートアップは、むしろ加速した。この問題が主たる原因でないとはいえ、同報告書が公表された五年後に、両国関係は「戦後最悪」と言われる状況まで冷え込んだ。

罪深き朝日の誤報を検証する同委員会が調査対象としたのは、吉田証言を取り上げた一六本の記事を作成した経緯や、虚偽の証言である可能性を認識しながら、一四年八月の検証紙面の掲載まで記事を取り消さなかった理由――といった「事実関係」のほか、「上記事実に関する評価」、「これらの報道等に通底する朝日新聞の報道姿勢・体質的問題」、「これらに対する報道のあり方」だった。

事実関係に関して同報告書は、一九八〇年代～九〇年代にかけての吉田証言に関する報道の状況、吉田証言の「真偽を確認できない」とした九七年特集の紙面内容や紙面が組まれた経緯、記事を取り消した二〇一四年の検証紙面の概要や意思決定、池上彰氏コラム問題、国際社会に与えた影響――などについて、関係者へのヒアリング調査などを基に、時系列的に詳細な調査結果を公表している。八二年の「初発」の記事を誰が書いたのかを明確にしきれなかった、などの限界はありつつも、「現場で何が起こっていたのか」という点に関しては、読んでいて「よく分かる」レベルの報告は行われている。

問題は放置され、謝罪も行われなかった

同紙に対する不信が増幅したのは、誤報そのものもさることながら、問題に気づきながら、記事の取り消しなどの措置を取らなかったこと（一九九七年）、さらにようやく記事を取り消したものの、説明不足で謝罪も行われなかったこと（二〇一四年）が、大きな原因だ。

そもそも九七年になって特集紙面が組まれた経緯について、同報告書は次のように述べる（20ページ）。

「（秦氏の調査結果の発表などにより：引用者注）朝日新聞においても、吉田氏の証言は信用できないとの認識は、日韓関係について記事を書くなど知識経験のある記者の間に広まっていた。しかし、朝日新聞社内において、1997年特集が出るまでの間、吉田証言の真偽について改めて紙面で検証しようとする動きは一切なかった。／1997年特集が掲載されることとなった主要なきっかけは、その前年に、いわゆる『歴史教科書問題』が問題として広く取り上げられることとなったことにある。（略）／このように、（慰安婦問題を取り上げた：引用者注）歴史教科書問題に関する議論が盛んに行われるのに伴い、吉田証言の信ぴょう性に関する論争が再燃し、朝日新聞の、吉田証言に関する一連の記事に強い非難が集中した」

そこで、やむにやまれず、九六年の暮れに「慰安婦問題の特集記事を掲載することが朝日新聞の編集部門で決定された」のである。吉田証言の取り上げ方については、本人への取材を試みたものの証言に関して明確な返答が得られなかったという状況も踏まえ、最終的には「真偽は確認できない」という表現に落ち着く。同報告書は、このことに対して、取材班の中で大きな意見対立はなかったことで、関係者の認識は一致する、としている。

ところで、この九七年の特集記事の「反響」は、意外なものだった。

「（略）関係者は、一様に『驚くほど反応がなかった』、『特に批判も浴びなかった』という趣旨の感想を述べており、実際に、他紙等でも大きく取り上げたものは見当たらない」（26ページ）

その結果、「（略）多くの関係者が『１９９７年特集で解決済みになった』との認識で、目立った批判もない状態となったこともあり、吉田証言について改めて検証されないまま、2014年の検証に至ることとなる」のだ（27ページ）。

一四年の検証記事の公表も、すでに述べた通り、政治情勢の変化という「外圧」のなせる業だった。

「そのころ、政府において河野談話の出された経緯を検証するとの方針が発表されており、当該検証の際に吉田証言も俎上に上る可能性があったため、朝日新聞としては、特に吉田証言を中心に検証することとし、政府の検証結果をみながら遅くとも2014年中には記事にするという方向となった」（29ページ）

注目すべきは、吉田証言の具体的な扱いについては、さまざまな議論の末、「（同年：引用者注）7月15日までは、1面掲載の論文及び囲み記事においておわびする旨を明記した紙面案が作成された」（33ページ）という事実だ。ところが、拡大常務会の前日である十六日に、社長の木村氏ら経営幹部が集まった協議の席上、木村氏から謝罪することに対して反対意見が出され、拡大常務会には、それに沿った紙面案が提出される。そうした経緯を経て、結局、社としての謝罪は見送られた。拡大常務会では、「（略）おわびをすると慰安婦問題全体の存在を否定したものと読者に受け取られるのではないか」

といった意見があったという。
しかし、この検証記事に対する世間の反応は、九七年とは違った。
「8月5、6日付の検証記事が掲載された後、他紙や週刊誌を始めとする極めて強い反発があったが、批判は、その量の多さにおいても激しさにおいても朝日新聞の事前の予想をはるかに超えるものであった」（33ページ）
長く記事を取り消さなかったことに対する謝罪もなく、その理由も明らかにしなかった同社の対応がそうした結果に結びついたのは、外から見れば当然のことに映ったのだが、内部は違ったのである。

「経営の干渉」は十分解明されず

このように、事実関係については「読みやすく」まとめられている同報告書だが、それで合格点が付けられるのかといえば、それは違う。

そもそも、なぜこのメンバーが第三者委員会の委員に委嘱されたのか？　七名の委員に関しては、同社ホームページ上と、同紙一四年十月三日付朝刊で、氏名および職種などが公表されているだけで、選定理由、そのプロセス、委員としての適格性を判別しうる情報は、何も示されていない。各種メディアで名前を目にする人たちが並んではいるが、果たして朝日新聞と利害関係を持たない「独立性」、「中立性」が担保されているのか、この問題を調査するにふさわしい「専門性」を備えているのか、外部からは判断のしようがないのである。

日本を代表する新聞社の信頼回復に道筋をつけるという、重要な使命を帯びた委員会だったはずだ。委員会自体の公正性と信頼性を一〇〇％確保することがまず必要だったのにもかかわらず、イロハのイで大きな疑問を生んでしまった。

同委員会は、1ページから始まる報告書本文の前の「はじめに」で、「調査については、全面的に朝日新聞社の協力を得、限られた期間内におけるものではあったが一応の結果を出すことができたと考える」と述べている。やや奥歯に物の挟まったようなその表現に、十分な専門性への疑念が透けて見えるといったら、うがちすぎだろうか。

同委員会は、「(略) 検証及び提言を行う前提として、２０１４年10月10日から同年12月12日にかけて、木村以下、延べ50名の役員、従業員その他関係者及び有識者らに対してヒアリングを実施し、事実関係を調査した」(２ページ) とする。報告書の前段は、明らかになった事実関係とその原因、評価などが記載されている。

それらを通じて必ず解明すべき課題が「経営責任」であることは、他の企業不祥事などと同様だ。しかも、本事案では、さきほど紹介したように、一四年の検証記事の掲載に際して、現場で謝罪を含む紙面案が作成されながら経営幹部がそれを覆すという、重大な事実が明らかにされた。ならば、それが罷り通った原因も含めて徹底的に切り込むべきだったのだが、そうはなっていない。同報告書は言う（50ページ）。

「ただし、今回の慰安婦特集は、企画立案から紙面の内容に至るまで、経営による『危機管理』という側面が先行しすぎている。（略）それゆえに、本論である慰安婦問題の伝え方は、一般読者や社会の納得のいく内容とはなっておらず、結果的に危機管理そのものも失敗した。その意味でも、報道機関において『経営と編集の分離』の原則を維持し、記者たちによる自由闊達な言論の場を最大限堅持することの重要さについて、経営幹部はいま一度確認すべきである」

なぜ、危機管理の側面が先行し過ぎたのか、どうして現場は経営幹部の不当な介入に抵抗できなかったのだろうか？「経営と編集の分離」という一般論で語られても、「納得のいく内容」とはならない。同じパターンの干渉は「池上コラム問題」でも発生しており、同社のガバナンスそのものに重大な欠陥があったことは明白だ。その部分が解明しきれなかったことには、もどかしさを覚えずにはいられない。

第三者委員会に託す判断は正しかったのか

そうやって、現場のヒアリング結果などをベースに語ってきた報告書は、添付資料も含めて一一〇ページのちょうど半分あたりから、突然「論調」を変える。51ページからおよそ三〇ページを費やしている「国際社会に与えた影響」は、「（略）委員の数名がそれぞれその専門的立場からアプローチし、3つの、異なる側面から検討した結果が報告された」ものだ。

具体的には、「岡本委員及び北岡委員は、長きにわたる欧米での広報をはじめとする諸活動において得られた知見をもとに、（略）日本の有力メディアの報道が韓国の批判的論調に同調したことの影響、我が国においてこのような現状に対処すべき方法等について」、「波多野委員は、歴史的経緯を概観して、慰安婦問題に対し朝日新聞がどのような報道をし、（略）日本政府の政策や、韓国など国内外の動向と関連していたかについての事実及びこれについての所感を」、「（略）林委員は過去20年間の英・米・独・仏4カ国、10紙の慰安婦報道、合計約600本の記事及び韓国の全国紙5紙の慰安婦報道合計約1万4千本の記事を対象に、定量的調査を実施し、その結果得られた知見を」報告した、としている（51〜52ページ）。

大変残念ながら、これではそれぞれの私見を開陳した「研究発表」に過ぎない。冒頭で引用した国際社会に与えた影響に関する部分も、正確には「岡本、北岡両委員の見解」にすぎない。専門性を生かしたアプローチは必要だ。しかし、それを持ち寄り、全体の議論の俎上に載せたうえで事実の分析に生かし、具体的な提言まで持っていくのが、第三者委員会の仕事のはずだ。各自が〝言いっ放し〟では、説得力を持った報告とは言い難い。

同報告書は、「波多野委員及び林委員の検討結果は、いずれも吉田証言についての朝日新聞の記事が韓国に影響を与えたことはなかったことを跡付け、林委員の検討結果は、朝日の慰安婦報道に関する記事が欧米、韓国に影響を与えたかどうかは認知できないというものである」と評するが、果たしてこれは、ここに名前の登場しないメンバーも含めた同委員会の「結論」なのだろうか？

同報告書は、さらに一〇ページほどの「まとめ」、「問題点の指摘と第三者委員会からの提言」を挟んで、各委員の「個別意見」を掲載する。われらが「格付け委員会」の委員の何人かも指摘するように、傾聴に値する見解も示されているものの、やはり全部〝言いっ放し〟で終わっている。その「意見」が、依頼主の信頼回復のための提言にどのように反映されているのかといったことは、全く分からない。

第三者委員会は、ジャーナリズム論を戦わせる場でも、慰安婦問題そのものを検証する場でもなかったはずだが、報告書の後半部分の多くが、そうした内容に紙数を割かれている。これでは、「第三者委員会報告書」の体をなしていない、と評されても仕方ないだろう。

さらに根本的な話をすれば、このケースで第三者委員会を立ち上げたこと自体の可否も、朝日新聞社には問われるのではないか。本書の「はじめに」でも触れたように、何か不祥事が発覚すれば、すぐに第三者委員会を設置するというのが当たり前、という風潮がはびこっている。だが、本来であれば、まずは自力で真相究明を図る努力をするのが道理であろう（この問題は、章を改めて述べる）。「報道の自由」を掲げる新聞社であれば、なおさらだ。

この点に関して、「格付け委員会」の齋藤誠弁護士は、その評価報告書で、次のような重要な指摘をしている。

「本来新聞社としての報道姿勢や報道のあり方は、報道の自由を有する主体として、その根幹をなすものである。仮に過去の新聞記事の内容が重大な政治問題化し、その批判が大きくなったとしても、それは自社において自主的に検証されるべきである。（略）この点に関する評価を他にゆだねるというのは、報道の自由の自己否定につながりかねない極めて危険な行為だからである」

同社は、どんなに猛烈なバッシングにさらされようとも、他者に頼ることなく、歯を食いしばって信頼回復の自助努力に取り組むべきだったのかもしれない。結果的に第三者委員会に事態を丸投げし、報告書を受け取った同社は、果たして今、信頼回復への道を歩めているのだろうか。

事案9
日本オリンピック委員会「調査チーム」
疑惑に手付かず。なのに「身の潔白」にお墨付き

●調査報告書（二〇一六年八月三十一日）

●委員会メンバー
座長＝早川吉尚　弁護士（立教大学教授）
メンバー＝宍戸一樹　弁護士／久保惠一　公認会計士
オブザーバー＝松丸喜一郎　日本オリンピック委員会常務理事／和久井孝太郎　東京都総務局審理担当部長

●事件のあらまし
発端は、二〇一五年十一月九日、世界アンチ・ドーピング機構（WADA）が公表した、「ロシアが陸上競技界で組織的なドーピングを行っている疑いがある」とする報告書だった。その中に、「二〇二〇年オリンピック招致プロセスで、日本側

が国際陸上競技連盟（ＩＡＡＦ）*会長で、国際オリンピック委員会（ＩＯＣ）委員だったラミン・ディアク氏に四〇〇万～五〇〇万ドルの金銭を支払ったのではないか」という旨の記載があったのだ。

ラミン氏がロシアの「ドーピング隠し」の資金の返済（揉み消しは失敗に終わる）に使ったのが、シンガポールのコンサルタント会社、ブラック・タイディングス（以下「ＢＴ社」）の口座だったことから、フランス当局が捜査を開始し、その過程で、東京２０２０オリンピック・パラリンピック招致委員会（以下、「招致委員会」）から同口座への振り込みが確認された。一六年五月十一日、イギリスのガーディアン紙が、「ＢＴ社の代表者であるタン氏と、ラミン氏の息子でＩＡＡＦのマーケティングを担当していたパパ・マッサタ・ディアク氏が近しい関係にあり、招致委員会からＢＴ社名義の口座に振り込まれた金銭が、この親子の側に流れたのではないか」とする記事を掲載。翌日、フランス検察当局も、この件に関して捜査中であることを公表した。

招致委員会からＢＴ社の口座への振り込みは、東京開催が決まった一三年九月のＩＯＣ総会前後に二度に分けて行われ、約二三〇万米ドル（約二億二五〇〇万円）

に上る。ちなみに、WADAの報告書には、「2020開催を東京と争っていたトルコ（イスタンブール）は、ラミン・ディアク氏に要求された金を支払わず、同氏の支持を失った」という記載もあった。「日本は、IOCの大物に金を渡して五輪を買った」という図式が、一応は成り立つことになる。

にわかに疑惑が高まるなか、招致委員会理事長を務めた日本オリンピック委員会（JOC）前会長の竹田恆和氏は、二〇一六年五月一八日に衆院文部科学委員会に出席し、外部の弁護士などを交えた「第三者調査チーム」を発足させるとした。同チームは、五月二十五日から調査を開始し、同年八月三十一日に「招致活動に法的問題はなかった」とする内容の報告書をまとめる。

しかし、一九年一月、フランス検察当局が、贈賄の疑いで前年末に竹田氏をパリで事情聴取していたことが判明する。疑惑追及の世論が再び高まるなか、三月十九日、竹田氏はJOC会長退任、IOC委員辞任の意向を表明した。

＊二〇一九年十一月に「ワールドアスレティックス（WA）」に名称変更

報告書を一般に公開しないのは許されない

ドーピング疑惑によるロシアの「不参加」、マラソン・競歩の札幌開催と、開催直前になってドタバタに見舞われた２０２０東京オリンピック・パラリンピックだが、もともと燻るこの問題のことも、忘れてはなるまい。過去の五輪開催都市がすべて公明正大に決定されたのかどうかは別に、今日、疑惑の目を向けられているのは、この日本だ。過ちを犯したのならば、責任の所在を明らかにしてもらわなくては困る。もしも濡れ衣だったなら、誰もが納得できるように、それを晴らす手立てを講じるべきである。

東京開催には、税金が投入されている。その意味でも、この事案に関しては、国民すべてが事実関係の説明を要求する権利を持つ「ステークホルダー」と言っていいだろう。ＪＯＣが設置した調査チームは、その負託に応える必要があったはずである。しかし、出てきた報告書からは、そうした使命感、責任感は全くうかがえなかった。

そもそも、調査チームも報告書を受け取ったＪＯＣも、一部のメディアに資料配布を行っただけで、ホームページ上などでそれを公開する手立てを取っていない。結果的に、メディアもそれをしっかり開示しなかった。中身はさておき、第三者委員会の報告書は、一般にも開示されるのが通例である。あえてそれをしなかったのには、何かわけがあるのだろうか？　疑惑の渦中に置かれた竹田氏が、「調査チームを発足させ、送金の流れを調査する」と明言したのは、国会の場である。「あくまでも内部調査なのだ」といった話は、「公益財団法人」という立場からしても、許されるものではない。

この調査チームには、メンバー構成にも大きな欠陥があった。弁護士二名、公認会計士一名に加えて、オブザーバーの肩書でJOC常務理事と東京都の担当者が名を連ねているのだが、この二名は、調査対象である招致委員会と明らかに利害関係がある。オブザーバーというのが、調査チームの中で具体的にどのような役回りを演じたのかは不明だが、そうした人物が調査に関わっていたのでは、「中立性」に疑問ありと言わざるを得ない。正式メンバーである三名にしても、その専門分野などについての情報は、報告書に一切記載されていない。だから、この案件を調査する「専門性」を備えていたのかは、判断不能である。

「相場の倍」のコンサル料が意味するもの

報告書には、調査チーム設置の目的が「招致委員会の招致活動における招致委員会と、シンガポール所在のBT社との間のコンサルタント等業務委託について検証すること」

（一部略）と述べられている。国民が知りたかったのは、平たく言えば、「BT社に渡った金銭が、そこからIOC関係者に流れるかたちで、東京オリンピック・パラリンピック招致のための賄賂として使われたのか否か」ということだ。

招致委員会とBT社の業務委託契約締結について、調査報告書は一定程度、詳細な事実を明らかにしている。BT社を招致に向けたロビーイング活動のコンサルタントに選んだ経緯を、報告書18～21ページの記載を基にまとめると、概要は次のようになる。

・九月七日に開催地決定を控えた一三年五月下旬、BT社から自己をコンサルタントとして推薦するレター、パンフレットが招致委員会宛に送付された。招致委員会事務局長らは、BT社がIAAFとのコネクションをアピールしていること、アジアのコンサルタントであること（アジア地域での支持拡大が課題と認識されていた）などから、強い期待感を抱いた。

・ただし、事務局長らはBT社に関する独自の情報網を有していなかったため、IAAFとの取引関係が長い株式会社電通に確認することが相当ではないかと考え、同社スポーツ局で海外経験の豊富な役職者と面談した。電通の当該役職者は、BT社自体の認識はなかったが、代表であるタン氏については、〇八年の北京オリンピック・パラリンピック以降、面識があった。

・事務局長らが、当該役職者にBT社のコンサルタントとしての評判や能力について確認したところ、高い評価を示したうえで、「予算が許すのであればタン氏と契約を締結してIAAFに所属するIOC委員及び関係するIOC委員等に働きかけることができれば招致活動にとって非常に有益となり得る旨」の回答を得た。事務局長らは、コンサルタント業界の潮流に最も情報を有していると考えられる電通から、タン氏が非常に有能なコンサルタントであるという確証を得たと考え、早急に業務委託契約を締結する必要性を感じた。

・面談後速やかに、招致委員会と契約関係にあった業者を通じて通訳を手配し、東京都庁会議室において、タン氏と電話会議を行った。タン氏は、アジア、中東及びIAAF関係の情報収集並びにロビーイングの依頼を了承した。

（21ページ）。

その後会議のテーマは、焦点のコンサル契約の金額に移る。報告書には、こうある

「事務局長らとしては、招致委員会におけるこれまでのコンサルタント契約の経験から1億円くらいの予算感を持っていたが、タン氏からの提示額は約230万米ドル（当時のレートで約2億2500万円）というものであった」

「（略）この時点で約2億円余の支出に関する契約を締結できる財政状況にはなかった」招致委員会（事務局長ら）は、「当初の契約の契約金額は95万米ドルとし、残金は招致成功後に」別途契約を締結して支払うという内容を提案し、タン氏もこれを口頭で合意したという。

そして、めでたく九月七日のIOC総会にて東京開催が決定する。電通関係者を通じて成功報酬の支払いを求める打診を受けた事務次長（事務局長は出向元に復帰していた）は、あらためて一三七万五〇〇〇米ドルの契約書を作成し、BT社の口座に振り込んだ。招致委員会からタン氏側には、合わせて二三二万五〇〇〇米ドルが渡ったことになる。

招致委員会自身が認めるように、BT社には相場の倍額の「コンサルタント料」が支払われた。その事実から「IOCへの賄賂疑惑」が生じるのは、当然のことではないか。そうでないのならば、破格の資金を使ってどんな特別なロビーイング活動が行われたのかを、説明してもらう必要があるだろう。繰り返しになるが、そこを解明するのが、調査チームの役割だった。

キーパーソンの誰とも連絡が取れなかった!?

誰にも理解できるように、そうした「金の流れ」を明らかにするためには、招致委員会が金銭を渡した相手から直接話を聞くことが不可欠である。調査チームも、キーパーソンへのヒアリングを試みたようだ。その結果を少し長くなるが、引用しよう（3ページ）。

「当調査チームは、複数の連絡手段を用いて、本件契約の相手方であるBT社の代表者であるタン氏並びに報道等で関係者として名前が挙がっているラミン・ディアク氏及びパパ・マッサタ・ディアク氏にもヒアリングを行うべく連絡を試みたが、ラミン・ディアク氏に関しては、何ら返答を得ることができなかった。他方、パパ・マッサタ・ディアク氏に関しては、ヒアリングを受ける可能性がある旨の回答を一旦は得たが、その後、ヒアリングの条件等を詰める過程で連絡を取ることができなくなった。また、BT社及びタン氏については、何ら返答を得ることができなかったが、後記第2の1記載のとおり、シンガポールにおいて周辺情報の現地調査を行った」

シンガポールの「現地調査」とは、以下のようなものだった（7ページ）。

「2016年7月30日から同年8月2日において当調査チームは、BT社の上記所在地を合計4度にわたって訪問したが、呼び掛けに応じる者はなく、（略）玄関前には何も置かれておらず、また、電力量計にも動きがなく、人がいる気配はなかった。近隣住民からは、そこにはタン氏が母親、妻、小さい子供と計4人で暮らしていたが、数か月前に転居したとの供述が得られた」

調査チームは、BT社所在地から引っ越したタン氏の現住所として登録されているマンションにも訪れている（8ページ）。

「当調査チームは同住戸を合計4度訪問したところ、同年7月30日には玄関前にベビーカー等が置かれ、女性が3人いた。そのうちの一人は、タン氏のことは知らないと述べた。同年8月1日に当該女性に再度接触できたが、やはりタン氏のことは知らないと述べ、自分自身は週1回程度来ているハウスキーパーであると主張した」

「事件」の鍵を握る人物と突然連絡が取れなくなったり、訪ねてみたらもぬけの殻だったり、まるで安物のミステリーを読まされているような気分になるのだが、一応公的な性格を持つ調査チームを無視する国際組織の役員や、法外な報酬を手にしながら所在不明になるコンサル会社とは、いったいいかなる存在なのか？　問題は、調査チームが、彼らに対するそれ以上の追跡を諦めていることだ。「ナントカの使い」よろしく、軽くあしらわれたと言われても、仕方あるまい。

招致委員会の記録がない!?　まるで「桜を見る会」のよう……

国内の関係者に対する調査、分析にも、大いに疑問が残る。調査チームは、「2013年9月7日頃当時の理事長その他の幹部を含む計18名」に対して、ヒアリングを行ったという。しかし、疑惑の矢面に立たされている竹田前理事長をはじめ、彼らの肉声は聞こえてこない。

契約金額も含むBT社との交渉は、招致活動で海外を飛び回っている理事長に代わって事務局長、事務次長が主導したことになっている。報告書からは、タン氏が要求した破格の契約料を飲んだのが、この両名の判断によるものだったようにも読めるのだが、実際にいつ誰がそれを決定したのかは曖昧だ。

ちなみに理事長は、BT社との当初の契約の稟議書には、「（略）かねてより信頼している事務局長らが電通の助言を得て取りまとめたものであって金額も含めて特段の問題はないと考え」（23ページ）決裁印を押した。また、成功報酬については、「理事長は、財務的に支払が可能か否か確認したところ、事務局長らから問題ない旨の回答を得て決済をした」（26ページ）とされる。

通常の倍の報酬額を、報告書は「（略）招致活動におけるコンサルタントの特性に鑑みると、契約金額としておよそ妥当性を欠くものとまでは一概にはいえず」（35ページ）と肯定するのだが、その根拠は希薄だ。招致委員会がＩＯＣ委員の買収を目論んだのではないにしても、「もしかすると、この高額報酬の一部が不正な手段に使われるのではないか」という認識さえ、竹田氏をはじめとする幹部には、全くなかったのだろうか？　報告書は、「（略）有能なコンサルタントに対するコンサルタント料として支払われた上記金員がその後にどのように使われたのかは、知る由もなかった」（34ページ）と述べるのみである。

さらに、招致委員会とＢＴ社が契約締結に至った経緯が報告書に記載の通りであるならば、同社の仕事にお墨付きを与えた「電通の役職者」が果たした役割は、ことのほか大きかったことになる。ところが、報告書には、関連の調査について「電通を含む広告コンサルタント会社等の役職者・従業員計８名」に対するヒアリングを行ったとするものの、電通とBT社の関係や、電通の関係者がどのような考えを持ち、判断を下していたのかについて、深い分析は行われていない。タン氏が「雲隠れ」するに至り、調査チームが、彼が本当に信頼に足る人物だったのか、電通の関係者に問い質すこともしなかったとしたら、もはや不可解と言うしかない。

加えて、「(略) 当時招致委員会において使用していたパーソナルコンピュータは、招致委員会の解散に伴い、業者により既に廃棄処分されており、また、サーバーも外部業者のものを使用していたため当時のデータはもはや残っていない」(3ページ)というのも、すんなり納得せよと言われても無理な話である。「格付け委員会」の松永和紀氏は、こう指摘する。

「(略) 招致委員会が解散直後に重要書類やコンピューター等を廃棄し、このような疑いをかけられた時に明確に根拠を持って説明できないという事実こそが、招致委員会やJOCへの社会・市民の不信感の根源となる」

一九年に問題化した、総理主催の「桜を見る会」出席者名簿廃棄問題と同様のパターンである。調査チームは、その経緯などについても追及すべきだったはずだが、それも行われなかった。

責任追及を逃れるための報告書

いずれにせよ、タン氏をはじめとするキーマンに一度も話を聞くことができないのでは、真相究明のしようがない。招致活動に対する疑惑は、「グレー」のままだ。タン氏やディアク氏親子が「逃げた」ことで、少なくとも彼らに対する心証は、調査開始時よりも悪化したというのが、普通の見方だろう。

ところが、にもかかわらず、調査チームは次のような明快な「検証」を報告のまとめとするのだ（39、40ページ）。

「当調査チームは、招致委員会関係者が、『オリンピック関係者』等への贈与の禁止を含むＩＯＣの規程を十分認識し、また、本件契約の際にも『オリンピック関係者』等への贈与の認識を何ら有していなかったと認定する。そうである以上、こうした本件契約の内容や締結過程が何らかのわが国の法律に違反するということはないと結論付ける。また、フランス刑法上犯罪を構成するものではなく、さらにＩＯＣ倫理規程への違反も見出すことはできないと結論付ける」

まな板に載せてきた他の第三者委員会に比べても、とりわけ断定的な表現に加えて、違和感を覚える部分はないだろうか？　調査チームに求められたのは、いみじくも竹田氏自身が国会で述べた「送金の経緯」、くどいようだが、「タン氏に支払われた現金が、IOC委員側に渡ることはなかったのか？」という「事実」なのである。「違法性があるかないか」を結論に据えるのは、問題のすり替え以外の何ものでもない。

ここに至り、タン氏やディアク氏親子、電通関係者といったキーマンへの追及をことごとく「疎か」にしたまま、公表の仕方も中途半端な報告書をまとめあげた理由が明らかとなったように思う。本来求められていた真因の解明を捨て置いて、「法律に違反するということはないと結論付ける」のは、初めからそれが一番言いたかったことだからであろう。要するに、「第三者の調査チームが調べた結果、招致活動に違法性はありませんでした」という結論が欲しかったのだと拝察するのだ。

事実、竹田氏は、一九年一月の記者会見で、「日本の法律において契約に違法性はなかった」と、この報告書を引き合いに出して釈明した。報告書は、絵に描いたような「疑惑の隠れ蓑」としての役割を果たしたわけである。

JOCも竹田氏も、とりあえず追及から逃れたのかもしれないが、日本には疑惑の目が向けられたままだ。万が一、今後関係者の「違法性」が明らかにされるようなことがあれば、そこに「日本はなんと自浄能力を欠いた国だ」という汚名が、もう一枚着せられることになる。

第二章

報告書21通の「通信簿」を公開する

「格付け」はこうして行われた

第一章で、九つの事案を取り上げた。最初に説明したように、これらは全て私も委員として加わる「第三者委員会報告書格付け委員会」で議論し、実際に格付けを行ったものからピックアップしている。その格付け委員会が対象にしたのは、二〇一九年末段階で計二一の報告書である。あらためて全ての結果をここに提示したいと思うのだが、その前に、そもそも格付け委員会とはどんな組織なのか、簡単に述べておくことにする。

委員会を立ち上げた目的は、「第三者委員会等の調査報告書を『格付け』して公表することにより、調査に規律をもたらし、第三者委員会及びその報告書に対する社会的信用を高めること」（格付け委員会ホームページ）に言い尽くされている。裏を返せば、「社会的信用」に問題のある報告書が、いかに多いのかということだ。

格付けは、一四年五月のみずほ銀行（反社会的勢力との取引）から始まった。というのも、その四年前の一〇年七月、日本弁護士連合会（日弁連）が、後述する「企業等不祥事における第三者委員会ガイドライン」（「日弁連ガイドライン」、同年十二月に改訂）を公表していた。それでも問題の多い報告書が量産されたことから、ガイドライン策定メンバーが中心となってこの委員会を作った、というのが大まかな経緯である。

委員会のメンバーは、設置当時から若干の入れ替わりがあり、現在は、委員長の久保利英明（弁護士）、副委員長の國廣正（同）、齊藤誠（同）、竹内朗（同、事務局長）、塚原政秀（ジャーナリスト）、行方洋一（弁護士）、野村修也（中央大学法科大学院教授）、松永和紀（科学ジャーナリスト）の各氏と私八田進二（青山学院大学名誉教授、大原大学院大学教授）で構成されている。私自身は、「会計の専門家にも加わって欲しい」という久保利氏の要請を受けて、そこに加わることになった。

第三者委員会報告書の評価においては、「主として考慮する要素」として、以下の点が決められている。

- 委員構成の独立性、中立性、専門性
- 調査期間の妥当性
- 調査体制の十分性、専門性
- 調査スコープの的確性、十分性
- 事実認定の正確性、深度、説得力

- 原因分析の深度、不祥事の本質への接近性、組織的要因への言及
- 再発防止提言の実効性、説得力
- 企業や組織等の社会的責任、役員の経営責任への適切な言及
- 調査報告書の社会的意義、公共財としての価値、普遍性
- 「日弁連ガイドライン」への準拠性

これらを基準にして、A～Dの四段階（Fは不合格）の格付けを行っていくのだが、それぞれの案件について、委員会として「A」とか「D」とかの裁定を行うわけではない。評価は、あくまでも各委員が個別に行い、その理由とともに、格付け委員会のホームページに公表するルールになっている。

とはいえ、単に別々に決めたものを持ち寄るのでもない。評価のたびに委員会を開き、それぞれの意見を述べ、議論を行っている。そこで語り合ったことを、自らの評価の参考にすることも少なくない。時に議論は白熱し、評価をめぐって委員の間で大きく異なる場合もあり、それぞれが納得するまで〝ガチンコ勝負〟の議論が行われる。後に掲げる「通信簿」には、そうしたことの全てが反映されていると考えてほしい。

どの案件を格付け対象にするのかは、格付け委員会で議論したうえで決めている。主としてその事案の社会的な影響力が大きいものを選ぶことにしており、ことさら「出来の悪い」ものをチョイスしているわけではない。委員会の中立性を保つため、対象となる組織と何らかの関係がある委員（例えば顧問弁護士を務めたことがあるなど）は、当該案件の報告書の評価には参加しないことにしている。また、格付け委員会の運営費用は、いかなる団体からも提供を受けておらず、全部〝手弁当〟であることも付け加えておきたい。

日弁連ガイドラインが語るもの

すでに述べたように、日弁連は第三者委員会についてのガイドラインを設けており、それに準拠しているかどうかも、評価の要素の一つになっている。くどいようだが、弁護士の全国組織がわざわざそうしたものを作成したこと自体、第三者委員会の数がいかに増えたかと同時に、どれほど本来の趣旨から逸脱したものが多いのかの証左と言えるだろう。

彼らが二〇一〇年当時、どんな認識、危機感を背景にこれを作ったのかが、『「企業等不祥事における第三者委員会ガイドライン」の解説』（日本弁護士連合会　弁護士業務改革委員会編）に述べられている（「はしがき」Ⅲページ）。

「しかし、現実には、危機状態に陥った企業が表面的な信頼回復を求めて著名人や社会的のある地位の人物を集め形式的に第三者委員会を僭称する組織を立ち上げると発表しながら、その第三者委員会は経営陣の傀儡に過ぎないこともある。

その結果として、／①調査をしない／②調査をしてもおざなりで真相を剔らない／③調査結果の報告・発表をしない／④発表しても経営陣の覚悟とか研修の充実などというありきたりの再発防止策の提言に終わることも少なくない。／甚だしいものに至っては／⑤第三者委員会の立ち上げをアナウンスしただけで人選も行わず、マスコミの追及が静まり、世間も忘れ去るのを待って、うやむやにしてしまう例まである」

⑤のような振る舞いは、このガイドラインの策定や格付け委員会の監視も一役買っているのか、さすがに今は難しい（そもそも、これは第三者委員会ではなく、不祥事を起こした企業自身の問題なのだが）。だが、第一章で分析した事案を見ても明らかなように、①～④が当てはまる報告書は、現在でも「少なくない」のが実情だ。

では、あらためて、ガイドラインが第三者委員会をどう定義しているのか、みてみよう。冒頭にはこう記されている。

「本ガイドラインが対象とする第三者委員会（略）とは、企業や組織（略）において、犯罪行為、法令違反、社会的非難を招くような不正・不適切な行為等（略）が発生した場合及び発生が疑われる場合において、企業等から独立した委員のみをもって構成され、徹底した調査を実施した上で、専門家としての知見と経験に基づいて原因を分析し、必要に応じて具体的な再発防止策等を提言するタイプの委員会である。

第三者委員会は、すべてのステークホルダーのために調査を実施し、その結果をステークホルダーに公表することで、最終的には企業等の信頼と持続可能性を回復することを目的とする」

ここに言う「ステークホルダー」とは、「株主、投資家、消費者、取引先、従業員、債権者、地域住民などといったすべて」の関係者を指すものとされている。要するに、「独立性」と「専門性」を武器に事態の真因を解明し、具体的な再発防止策を提言することにより、述べたようなステークホルダーの信頼を回復させて、問題を起こした組織を立ち直らせるためにある――ということだ。

だから、企業などが主体的に行う調査に弁護士などの専門家の参加を依頼する「内部調査委員会」とは違う。同時に「経営に対して意見を具申する委員会でもなく、関係者の法的責任を判定・追及する委員会でもない」（前掲書6ページ）。あくまでも、依頼主から独立した立場で「なぜ問題が起こったのか」を究明し、再発防止に寄与する「事実調査委員会」という位置付けなのである。

当然のことながら、このガイドラインの基調が正しいと評価するからこそ、私はこの委員会に加わっている。だが、これで完璧だとも思ってはいない。

例えば、ガイドラインは、弁護士が第三者委員会のメンバーになった際の報酬については、「時間制を原則とする」と規定するのみだ。しかし、次章で述べるように、「依頼主が第三者委員会に対していくら支出したのか」が公開されない現状は、まさにステークホルダーにとって由々しき問題なのである。「弁護士業界」は、自分たちの報酬に対して秘密主義を貫く傾向にあるが、第三者委員会という仕組みを正常に機能させようと思ったら、透明性を高めるべく「報酬の開示」は避けて通れない。その点をガイドラインに明記することが必要不可欠だ、と私は考える。

いずれにせよ、ガイドラインができてから一〇年になる。適時、見直し、ブラッシュアップを図っていくべきだろう。

委員会に届いた一通の反論

格付け委員会に話を戻すと、その運営方針には、「格付け結果に対する反論権」が掲げられている。げられている。公表された格付けの結果について、対象となった調査報告書の関係者から記名の意見書や反論書が寄せられた場合には、その全文をホームページ上に掲載するというものだ。

我々が格付けを行う目的は、「第三者委員会及びその報告書に対する社会的信用を高めること」にある。格付けされた相手との議論は、「第三者委員会報告書はいかにあるべきか」に資するものになるはずだ。格付け委員会の評価のレベルアップにもつながるだろう。だからたくさんの反応も期待したのだが、残念ながらと言うべきか、正式な反論として格付け委員会に寄せられたのは、現在までのところ二一件中、一件のみである。

その一件というのは、第一章《事案7》でも取り上げた東洋ゴム工業「社外調査チーム」の代表を務めた小林英明弁護士からのコメントであった。小林氏の見解は、運営方針に従って格付け委員会ホームページに掲載するとともに、それに対する委員会としての見解を公表している。

小林弁護士の反論は、大要、①調査チームは危機対応型のもので、日弁連ガイドライン準拠型の第三者委員会ではない（だから、そもそも格付け対象にするのは不適切だ）、②評価基準が妥当ではない（日弁連ガイドラインにも種々の疑問点が指摘されている）、③評価者には公正性が求められる（弁護士業務を行う者にとって、他の弁護士が関与した調査報告書は、いわば利害関係を有するものといえる。このような弁護士がメンバーとなる格付け委員会の評価の公正性には、疑問が生じ得る）――というものだった。

ここでは詳述は避けるが、第三者委員会の本質に関わる事柄について、一点だけ述べておく。第一章でも指摘した通り、調査報告書を対外公表したことにより、それは「ステークホルダーの信頼回復のための事実調査報告書」となった。それを格付け委員会が評価の対象にするのは、決して不適切な行為ではないはずだ。

企業危機回避のために、経営者の要請に基づいて専門的な立場からアドバイスを行うことは否定しない。「しかし、企業にコンサルタント業務を行っている会計士は、どれほど自らの独立性を主張しようと会計監査を行うことができないことからも明らかなように、『経営陣のために行う緊急危機対応＝執行へのアドバイス』と『ステークホルダーの信頼回復のために行う経営陣をも対象とする事実調査＝執行に対するモニタリング』を同一主体が行うことには問題がある。／本件のような重大事案（長期間組織的に不正が続けられ、経営陣の関与も疑われ、社会的影響が大きい事案）においては、本調査チームは『緊急危機対応』に徹しつつ、別途、会社に『ステークホルダーの信頼回復のための事実調査』のために第三者委員会の設置を求めるのが通常の対応である」と解される（格付け委員会の見解）。したがって、結果的に「危機対応」と「第三者」の〝二足の草鞋〟を履いたことによって、同報告書は、格付け委員会のメンバー九名中四名から「F（不合格）」の烙印を押されることになったのである。

これが二一例の格付け結果だ

では、これまで実施してきた格付けの一覧をあらためて公開したい。

前にも述べたように、評価はA、B、C、Dの四段階で、古来の日本的な評価に従えば、それは、秀、優、良、可であり、Fは「不合格」。全員が「評価に値しない」とした、《事案1》で取り上げた厚労省と、東亜建設工業の報告書を除き、各委員の評価は割れている。だが、一つの報告書を複数の専門家が精読しているのだから、より公平で精度の高い「採点」になっていると言えるはずである。

第三者委員会報告書格付け委員会の格付け結果のまとめ

回	時期	対象組織	事案	格付け評価				
				A	B	C	D	F
21	2019年6月	レオパレス21	施工不備問題に関する調査報告書			2	6	
20	2019年3月	毎月勤労統計調査等に関する特別監察委員会	毎月勤労統計調査を巡る不適切な取扱い					9
19	2019年2月	東京医科大学	入学試験における不適切行為		2	3	4	
18	2018年8月	日本大学	アメフトにおける重大な反則行為			1	7	
17	2018年7月	雪印種苗	種苗法違反	1	8			
16	2018年3月	神戸製鋼所	検査結果の改ざん				3	6
15	2018年1月	日産自動車	不適切な完成検査の実施				6	2
14	2017年7月	富士フイルムホールディングス	海外グループ会社不適正会計		1	7		
13	2017年4月	ディー・エヌ・エー	キュレーション事業	1	4	3		
12	2017年2月	日本オリンピック委員会	東京オリンピック招致活動				6	2
11	2016年11月	東亜建設工業	地盤改良工事の施工不良					9
10	2016年8月	三菱自動車工業	燃費不正問題		5	1		
9	2016年5月	王将フードサービス	コーポレートガバナンス体制			1	3	2
8	2016年2月	東洋ゴム工業	免震積層ゴムの認定不適合		1	4		4
7	2015年11月	東芝	不適切な会計処理			4	1	3
6	2015年8月	ジャパンベストレスキューシステム	連結子会社における不適正会計		5	4		
5	2015年5月	労働者健康福祉機構	虚偽の障害者雇用状況報告書		2	5	2	
4	2015年2月	朝日新聞社	慰安婦報道問題				3	5
3	2014年11月	ノバルティスファーマ	臨床研究における問題行為		6	3		
2	2014年8月	リソー教育	不適切な会計処理			4	3	2
1	2014年5月	みずほ銀行	反社会的勢力との取引			4	4	

出典：http://www.rating-tpcr.net/result/

一見して分かるのは、等しく高い合格点が与えられる、すなわち「社会的信用」を得られると評価することのできる報告書は、残念ながら稀だったということだ。ちなみに、各評価を単純合計すると、A＝二、B＝三四、C＝四六、D＝四八、F＝四四人になる。AとBの合計が過半を超えたのは、二一事案中、五事案にとどまった。「会社が記者会見まで開いて設置した第三者委員会なら、きっと原因を究明してくれるだろう」というステークホルダーの期待があるとするなら、明らかに期待外れの成績だと言わざるを得ない。

言うまでもなく、格付け委員会は、第三者委員会の報告書に難癖をつけるのが仕事ではない。良いものはいいと評価して、賛辞を送る。

二一事案の中で抜きん出て「優秀」だった報告書がある。一人がAを付け、残る八人がB判定だった雪印種苗の第三者委員会報告書である。この章の最後に紹介しておくことにする。

事案10

雪印種苗「第三者委員会」

過去の社内調査のデタラメを暴き、新たな不正も発見した

●種苗法違反等に関する調査報告書（二〇一八年四月二十六日）

●委員会メンバー

委員長＝橋本副孝　弁護士（東京八丁堀法律事務所　代表弁護士）

委員＝高巖　麗澤大学大学院経済研究科教授（内閣府消費者委員会委員長）／今村哲也　明治大学情報コミュニケーション学部准教授（日本工業所有権法学会理事）

補助者（いずれも弁護士）＝笠浩久（東京八丁堀法律事務所）／工藤洋治（同）／矢田悠（ひふみ総合法律事務所）／前田英伸（東京八丁堀法律事務所）／渡邉遼太郎（同）／土田悠太（同）／松村拓紀（同）

●事件のあらまし

「雪印」というメルヘンチックなブランド名にもかかわらず、この企業グループも、

集団食中毒事件（二〇〇〇年、雪印乳業）、食肉偽装事件（〇二年、雪印食品＝この事件をきっかけに廃業）といった「人災」を立て続けに起こし、大きな批判を浴びた過去がある。雪印種苗は札幌に本社を置き、配合飼料の製造、販売、種子や農薬・肥料の販売などを手掛けており、飼料作物種子や緑肥作物種子などの分野等で全国トップシェアを占めている。もともとは、かつての雪印乳業の種苗部門が分離、独立して設立された企業だが、現在は雪印メグミルクの完全子会社である。

二〇一八年二月十五日、農林水産省は、同社が複数の種苗の販売において種苗法に違反する表示（以下、「違反表示」）を行っていた事実を確認し、同年三月二十九日までに報告するよう命じる（「報告徴収命令」）。報告を求められたのは、①違反表示の具体的内容、②違反表示の判明後に行った出荷停止や商品回収等の対応、③違反表示の発生に関係した部署の業務上の権限と責任の範囲並びに法令等遵守（コンプライアンス）体制、内部けん制体制及び内部監査体制、④違反表示の発生原因及びその責任の所在、⑤再発防止策――などだった。これを受けて設置されたのが、今回の報告書をまとめた第三者委員会（以下、原則として「同委員会」と呼ぶ）である。

こうした経緯で調査を開始した同委員会だったが、ほどなく単なる違反表示に比べ、より悪質な「品種偽装行為」が行われていたことを突き止める。その解明のためには、さらに調査期間が必要だと判断した同委員会は、雪印種苗に対し、農水省への報告期限の延長を同省に申請するよう求め、結果的に期限は四月二十七日に再設定された。

「二つの不正」の事実と原因を柱にした報告書は、同月二十六日に公表され、そこでは、品種偽装行為に関して「行われていない」などと結論付けていた、過去の社内調査自体が「不正」なものであったことも明らかにされた。

同社は、この内容を農水省に報告し、当時の赤石真人社長は、引責辞任した。

「日弁連ガイドラインに準拠」を謳う

一般の人が普段触れることのない「作物の種苗」の話だったこともあり、事件自体が大きく報じられることもなかったのだが、そこで行われていたのは、これまでの事案同様、「偽装」と「隠蔽」の連続にほかならない。珍しくその真因に迫ったこの第三者委員会報告書は、その「お手本」として、高い社会的意義を持つものと評価できる。

同委員会は、報告書で「日本弁護士連合会による『企業等不祥事における第三者委員会ガイドライン』（略）に準拠して選任されており、各委員及び補助者は雪印種苗と利害関係を有しない」と述べる（4ページ）。「ガイドラインに準拠した委員会ではない」と断る、さきほどの《事案7》東洋ゴム工業「調査チーム」とは、真逆のスタンスである。

ただし、委員長である橋本弁護士が代表を務める法律事務所は、かつて雪印種苗の親会社だった雪印乳業が、雪印種苗の全株式取得を目指した公開買い付け（TOB）を実施した際に、同社のリーガルアドバイザーとして助言を行ったことがあった。同委員会は報告書でそうした事実を明かしたうえで、一〇年以上前の案件であり、事務所はそれ以前も以後も、同社から業務を受任したことはない、と説明している。

しかし、望ましくは、〝李下に冠を正さず〟で、少なくとも橋本氏は委員長ポストには就かなかったほうが良かったようにも思う。ただし、報告書に堂々とその事実を記載したことも含め、今回の事案に関しては「委員会の独立性に疑義がある」とまで言う必要はないだろう。

委員の二人のうち、高氏は、かつてわが格付け委員会のメンバーだった人物だ。だからと言って、格付けのメンバーが今般の報告書に甘い点を付けるなどということは、あり得ない（高氏とは何の利害関係も有していない）。反対に、高氏が他の報告書を格付けする現場で得た知見や経験が、高い評価を得る報告書に結実したのだろうと私は理解している。

もう一人の今村氏は、種苗法という専門性の高い分野を扱うにふさわしい知的財産法のプロだ。加えて同法の解釈に関して特許事務所の専門家から意見聴取を行うなど、委員会の「専門性」にも、特に問題は見当たらない。

第三者委員会が調査を行う場合、関係資料やデータ収集、ヒアリング対象者への連絡・日程調整などを行う会社側の担当者が必要になる。同委員会が、自ら主導して「会社側事務局」を設置させたのも、「勝因」の一つだろう。

同委員会は、会社に対して、①必要かつ十分な人数の会社側事務局を設置するとともに、②事務局の構成メンバーは種苗部門及びこれに対する内部監査を行う部門に所属したことがない者とすること、③同事務局は同委員会に直属し、その指示に従うこと、④同委員会の指示または許可がない限り、調査の実施状況や内容等を他の役員や従業員に伝達しないこと、⑤他の役員や従業員は、同事務局に対して本調査に関し③及び④以外けである。

の指示を行わないこと――という明確な縛りをかけて、調査体制の信頼性を確保したわ

「Why?」を重ね、真因に迫る

同委員会の設置は、農水省が雪印種苗に対して行った報告徴収命令がきっかけであり、その対象は、同社による違反表示だった。「違反表示」とは、商品に種苗法に定められた通りの表示をしなかったり（例えば登録品種名でなく、単に「普通種」などと記載）、表示そのものをしなかったりすることを意味する。種子も外見からは見分けがつきにくい。表示を信じて生活の糧を得ようとする生産者にとっては、とんでもないことだ。

調査の末、一五年一月～一八年二月頃に製造された計三八品種、一二種類に種苗法違反行為が見つかった。その原因分析だが、他の報告書と一味違うのは、「なぜ」を連発することだ。報告書47ページには、こうある。

「(略) その意味で、これら担当従業員に、本件違反表示についての責任があることは否定しがたいところである。／しかし、それはこの問題を現象形態から表面的に捉えた議論である。真の問題は、それではなぜ、これだけの数の種苗法の表示に関する違反事

例が、種苗法の適用を受ける会社の専門部署において発生したのか、それが長期間にわたって、修正されることなく継続したのはなぜか、中には初歩的なミスによるものがある一方で、故意と評価されるものも含まれており、それらを阻止できなかったのはなぜか、（略）そして、種苗法の表示に関して、雪印種苗の経営陣が主体的に関与して、その違反を抑止しようとする姿が見えてこないのはなぜか等にある」

そのうえで、報告書は、「それは、雪印種苗の経営陣が、かかる見地に立って、種苗法の表示問題を、真に自らが正面から取り組むべき会社の重要課題であると認識し、行動してこなかったことの結果であり、そこにこそ、この問題の真因があると考える」と述べるのだ。

だがしかし、それで原因の追及は終わらない。通り一遍の「経営責任」を指摘するにとどまらず、では「違反表示の発生を防止するために、経営者としてなすべきことは何だったのか」を具体的に示し、それぞれの課題がどれだけ実行されていたのかについて、ヒアリング結果などを踏まえ、詳細な検討を加えたのである。

検討された方策は、「従業員に対し、種苗法の重要性を理解させるために意を用い、具体的な行動を行っていたか」「従業員が、種苗法を正確に理解し、必要知識を習得するための適切な機会の提供等をしていたか」「表示内容の決定に関して権限と責任をもつ責任部署を定め、統一的な運用ができる体制を構築しているか」「表示内容の確認体制・監査体制が適正に敷かれているか」「種苗法の表示義務に関わる諸問題に対し、客観的な観点を取り入れて対応することを推奨し、求めていたか」――の五点である。

このように、問題を「因数分解」し、さらに検討を加えたことにより、経営陣が違反表示を防ぐための制度的な仕組みづくりなどを怠ってきた事実が、鮮明に浮かび上がったのである。表示違反の主たる原因が、経営陣自身が、『種苗法及びその表示義務の重要性を真の意味では理解しておらず、それが、『種苗法を適切に遵守することがコンプライアンス推進のための重要な柱となるべき事柄であり、種苗法違反が会社の負担する大きなリスクである』との切迫した認識に欠ける」（52ページ）対応を生んだことにある――という指摘から、当の本人たちが逃げられなくなったのである。

関係者のメールを徹底調査し、新たな不正まであぶり出す

以上の調査結果を報告すれば、報告徴収命令を出した農水省は、納得したのではないだろうか。だが、同委員会の仕事はこの問題にとどまらず、さらに重大な不正である品

種偽装行為を解き明かすことになる。それがどんな不正なのか、同報告書はこう説明する（9ページ）。

「品種偽装行為は、販売を目的として品種Aという種子を品種Bと表示するものであり、指定種苗（販売に際して一定の事項を表示する必要があるものとして、農水大臣が指定する種子や苗など：引用者注）についてこれがなされれば、当然に表示義務違反（略）を結果する。その意味で、品種偽装行為は、種苗法における違反表示の一形態でもある（略）。／しかし、かかる行為は、表示義務違反以前の、商道徳にも反する詐欺的な行為ともいうべきものであり、その悪質性等において単なる表示義務違反とは明確に区別される」

そもそも、同委員会が「品種偽装行為の有無を、調査対象のもう一つの柱として独自に取り上げ、調査・検討を行った」（同）のは、同社が過去にこの不正について通報や内部告発をされた事実があったからだ。

とはいえ、調査スコープを広げるのはいいが、調査期間には制約もある。実は、同社は告発などを受けて、過去に一四年と一七年の二回、この問題についての社内調査を行っていた。そこで、「まずは、これらの社内調査の過程・方法及び結果に妥当性が認められるか（略）、もし妥当であるならば、社内調査の結果に依拠しながら当委員会による調査を実施できるか」（同）の検証を行うことにしたのである。

ちなみに、一四年の調査は、同社による不正の事実があるという通報を受けた新聞記者の取材を機に実施された。農水省などにも提出された報告書の結論は、①品種偽装行為は、牧草種子及び芝生種子について、〇二年一月頃までは北海道内で行われていたと認められるものの、すでにデータ等がなく、詳細は確認できない、②道外では行われたことがなく、また道内でも食肉偽装事件が発覚した〇二年一月以降は行われていない、③②の事実は、保管されている過去一〇年分（〇四年以降）のデータ調査と証言により判断された（それ以前のデータは残っていない）――というものだった。

一方、一七年の調査は、同社の内部者を名乗る人物から、北海道農業共済組合連合会に対して、同社が当該行為を継続して行っている旨の告発のあったことがきっかけだ。同社常勤監査役を委員長とする調査委員会は、①一四年調査の対象月後の同年四月以降、品種偽装行為は行われていないことが確認できた（それ以前については、再調査は行わなかった）ものの、②調査の過程で、種苗の表示等について、種苗法違反及び社内規程違反の事実が複数認められた――と結論付けていた。

同委員会がこれらを調べるに当たって大いに威力を発揮したのが、デジタル・フォレンジック調査だった。関係者の過去の電子メールの内容などを保全し、精査したのである。同委員会は、この調査のために同業務の専門会社を起用し、同委員会の委員や補助者とは別の法律事務所に所属する弁護士八名によるレビューを行った。

この調査の対象となったのは、一九九八年から二〇〇四年当時種苗部長で、一四年社内調査当時は専務、そしてこの調査時点で社長を務めていた赤石氏（報告書ではA氏）はじめ、特に調査事項と関係があると考えられた五名である。

このデジタル・フォレンジック調査と、並行して社内調査の際の資料の検証などを進めるうち、同委員会は、特に一四年社内調査には重大な欠陥があったことを突き止める。存在しないとされていた〇四年以前のデータが存在し、一部の経営幹部はその事実を知りながら虚偽の説明を行っていたらしいことや、〇四年七月以降のデータの中にも品種偽装行為の疑われる事例が発見されていたにもかかわらず、その調査をしないまま、「なかった」と結論付けられていること、さらには、調査期間中に、データの消去やヒアリング録の重要部分の削除が秘密裏になされていたこと——などが、次々に判明したのだ。

こうした事実を踏まえて、同調査委員会は、一四年社内調査には依拠できないと判断し、品種偽装行為の調査を「初期化」して、独自に行うことを決める。同時に、コンプライアンスの観点からは、この社内調査が重大な欠陥を持つことになったことそのものの原因究明が重要だとの観点から、そちらについても重点的に調査する方針を固めるのである。

闇へと葬られた新聞記者との想定問答集を発掘する

ところで、同報告書も詳細を究めている。一四年八月一日の新聞記者の来訪から始まる一四年社内調査の事実経過についてのレポートだけで六〇ページ近くに及ぶのだ。だが、おかしな言い方だが、読む者を飽きさせない。中でもハイライトは、格付け委員会のメンバーの何人かも指摘していた、記者の再来訪を翌日に控えた同月十二日のA専務とO常務のやり取りだろう(78〜79ページ)。A氏はO氏らに、こんなメールを送る。

「もしも小生が直接取材を受けることになったら、腹を決めて事実を正直に言うことを前提に話す内容を、『なぐり書き』しました。(略)/本心その場面は避けたいが、覚悟は決めています」

添付ファイルには、九八年四月に種苗課長となって以降、品種偽装行為が行われていた事実を知った経緯を簡単に綴った文章に続き、次のような記者との「想定問答」が記されていた（抜粋）。

Q．担当者にかかる行為を指示したことはないのか
A．種苗課長になってからの1～2年間の中で承認した記憶はある。
Q．何時ごろからはじまり、何時ごろまでやっていたのか
A．いつから始まったのか全くわからない、平成14年初めに徹底させた記憶から考えると、平成13年にも発生していたかも知れない。確実になくなったのは平成14年からと確信している。
Q．会社ぐるみではないのか
A．かかる行為を認識していたのは、当時の業務部長、種苗課長、担当者の3名のみである。
Q．それでは情報提供者はなぜ知っていたのか
A．全くわからない。

要するに、キーマンのA氏は、この時点で記者に不正の実態があったことをしゃべる気持ちになっていたのである。

このメールだけでも不正の動かぬ証拠ではあるが、同委員会はさらにその文面も提示しつつヒアリングを行い、メールを読んで役員室にやってきたO氏が、「これはダメですよ。ここまで正直に言うのは」と、A氏を思いとどまらせるいきさつを明らかにする。「次期社長候補であるA氏を守りたい」という思いがあった、というのがO氏の供述だ。

同委員会は、A氏に対しては「実際には『承認』というよりも、自ら『指示・実行』していたのではないか」と鋭く質す。その結果、次のような重要な言質を引き出すのである。

「ご指摘のとおりである。事を大きくしたくないという気持ちがあり、また『自分が(品種偽装行為を)止める決断をした』という思いの方が強く出て、実際よりも事実を小さく見せるような表現にしてしまった」(80ページ)

繰り返すが、同委員会がこのヒアリングをした時、A氏は代表取締役社長である。依頼主から独立した第三者委員会でなければ、ここまで厳しい指摘を行うのは、無理な相談だ。しかし、調査全体を通じてこの姿勢を貫いたことで、「経営責任は禁じ得ない」

といった勇ましい言葉だけが並ぶ類書にはない説得力が、この報告書には付与されることになった。

このような事実確認を積み重ね、同委員会は、雪印食品の食肉偽装事件が発生する〇二年一月以前は、北海道以外の府県も含めて、雪印種苗による品種偽装行為が実行されていたと認定する。メールにあったように、食肉偽装事件後、A氏は品種偽装行為が発覚すれば、雪印食品同様に強い批判にさらされ会社が立ち行かなくなると危惧し、その終了を決断する。しかし、同報告書には、社内では、その後も口座替え（注：在庫データの内容を変更する同社内での呼称）を利用した品種偽装行為の行われていたことが、具体的に記されている。

「不正のトライアングル」

ユーザーを裏切る不正が行われた原因の分析にも、同委員会は分かりやすい手法を採用した（193ページ）。

「関与者が品種偽装行為を行う要因・誘因にはさまざまなものが考えられ、（略）これを一律に論ずることは必ずしも適当ではない。／しかし、本件に現れた品種偽装行為を見る限り、その原因は、『不正の三角形（トライアングル）』を構成するいわゆる『不正の三要素（動機・機会・正当化）』によって説明ができるように思われる。すなわち、『①動機：品種偽装行為を行う動機があること』、『②機会：品種偽装行為を行うことを可能にする（と思われる）状況が存在すること』、『③正当化：関係者が以上の事情を勘案して品種偽装行為の実行を自ら正当化し、これを決断したこと』である」

「不正の三角形（トライアングル）」とは、もともとはアメリカの犯罪心理学者ドナルド・R・クレッシーが導き出したもので、個人による横領や着服といった犯罪以外の企業「不正」にも応用が広がり、二十世紀末ごろからは公認会計士監査の現場にも導入されるようになった。日本においても、一三年にできた「監査における不正リスク対応基準」にその考え方が明確に取り入れられたのだが、私も金融庁企業会計審議会のメンバーとして、その議論に関わった一人だ。「対応基準」の設定には、オリンパス、大王製紙などの会計をめぐる不正事件において、会計監査がその不正を見抜けなかった、という背景があった。

議論の中では、役所側から「この〝不正の三角形〟には、学術的な裏付けがあるのですか？」という質問が出た。しかし、これは学術的に構築された「理論」とは違う。犯罪心理学者が実証的な経験値からこうしたストーリーを発想し、現実に当てはめてみたら極めて説得力を持った、という成り立ちなのだ。それだけに、実用性も汎用性も高い。

雪印種苗の事案に話を戻す。実は、この品種偽装行為には、さきほどの「口座替え」だけでなく、計三つのやり方があった。食肉偽装が公になった〇二年一月の前と後では、社内の事情も多少異なる。分析にどのように三要素を活用したのか、ここでは〇二年以前の「仕入処理段階の偽装」についての記載を紹介しよう（193〜194ページ）。

①動機　生産不良により供給不足となり、そのままでは会社及び営業が大きな打撃を受けるので、これを避けるために行う。

②機会　種苗課と貿易課の間だけで処理でき、情報が外に漏れる可能性は少ない。また、類似品種であれば発覚する可能性も少ない。

③正当化　従前から行われてきた行為であり、職責を全うするためにはやむを得ない。類似する品種であるから、顧客にとっても（大きな）不利益はない。

ヒアリングを受けた当人も、このように整理されれば、自分のやったことを正確に

「理解」できるのではないか。動機に関して言えば、他のケースを見ても、この事案では、自らの保身というよりも会社の状況が大きく作用していたことが推測できる。

述べてきたような事実認定、原因分析などを踏まえた「再発防止策の提言」では、「偽装・隠ぺい体質を根絶するチャンスは、少なくともこれまでに2回あったが（雪印食品食肉偽装事件発覚の時と、平成26年社内調査の時である。）、そのいずれの機会も生かすことができないまま、現在に至った」「今回こそが、雪印種苗にとって、偽装・隠ぺい体質を根絶させ、法令遵守意識の確立を図る最後のチャンスというべきである」と指摘する（いずれも246ページ）。

そのうえで、「（略）不適切行為に対する厳格・公正な対応」まで踏み込むのだ（247ページ）。

「不正を許さない企業風土・組織風土を構築するためには、その大前提として、まず、今回明らかとなった（略）不適切行為に関与した関係者の全員について、例外を設けず、（略）処分の要否・内容をそれぞれ検討・判断し、就業規則等に則って厳格・公正な対応・処分を行うことが必要であると考える」

ところで、今回、格付け委員会メンバーの大半が、同報告書を「B」と認定した。

「A」でなかった理由もほぼ同じで、「親会社である雪印メグミルクに対する調査が不十分だった」という一点である。グループ内で不祥事が繰り返される場合、やはりグループのガバナンスに問題があるのではないかと目を向ける必要がある。そこまでを射程に置いた調査がなされなかったのは、残念と言わざるを得ない。

報告書の「結語」には、こんな言葉が並んだ（254ページ）。

「本調査を通じて当委員会が知ることとなった、別の事実もある。／それは、雪印種苗で働く多くの従業員らが、仕事を通じて農業・酪農畜産業に貢献したいという強い思いを持っているという事実である。また、（略）多くの従業員らが誇りとやりがいをもって仕事に取り組んでいるという事実である」

「多数の役員・従業員らとヒアリングという形で面談を行い、またアンケート調査を通じて膨大な数の生の声に接することで、これらの事実を知ることとなった当委員会としては、雪印種苗は、我が国の農業・酪農畜産業にとって無くてはならない会社だという感想・印象を強く持っている」

正確な事実認定、厳しいまでの原因分析や提言に付け加えられたものだからこそ、従業員の胸に落ち、読む我々も納得できるエールたり得るのではないだろうか。

第三章

「失われた10年」に誕生し〝禊の道具〟と化した

第一号は、あの山一だった

本書は、第三者委員会報告書についてのあれこれを語る前に、あえて幾つかの実例を思い起こしてもらう構成とした。鳴り物入りでつくられた委員会、その作成する報告書が、いかに問題が多く、かつ信頼性にばらつきがあるのか、という実情を理解していただけたのではないだろうか。

では、なぜそうした組織がこれほど幅を利かすことになったのだろうか？　この章では、第三者委員会の問題点とその原因をあらためて整理するとともに、この疑問に答えていきたいと思う。

まずは、その出自から話を始めることにしよう。この仕組みは、いつどこで生まれたのだろう？　「問題を起こした組織や団体を、それと無関係の外部の人間が厳しく調査し、再発防止策も含めたレポートを提出する」というと、いかにも「欧米的」に感じられるのではないだろうか。すでにお分かりのように、第三者委員会の報告書には、「組織のコンプライアンス欠如」を指摘するものが少なくない。そうした概念を普及、徹底させる仕組みとして、それらと同時に「輸入」されたように感じても無理はないのだが、実際は、そうではないのである。第三者委員会は、純然たる〝メイド・イン・ジャパン〟のスキームなのである。

その原点ともいえる「組織」が産声を上げたのは、一九九七年十二月のことだ。九七年というのは、一定以上の年齢の日本人にとって、忘れられない（あまり思い出したくない）一年かもしれない。九〇年代初頭にバブル経済が弾け、くすぶり始めていた企業の不良債権問題は、この年の十一月、三洋証券に始まり、北海道拓殖銀行、そして山一證券と続いた大手金融機関の破綻ドミノという想定外の事態で、一気に「見える化」された。まさか大企業や金融機関が倒れるようなことはないだろうと思っていた人々は、日本経済がいかに深刻なところに追い込まれているのかを、初めて思い知らされたのである。国際的にも「暗黒の十一月」と称された変事の中でも最も衝撃的だったのが、旧四大証券の一角を成す山一證券の自主廃業の発表だったと言えるだろう（結果的には自己破産）。

のちに「隆盛」を誇るようになる第三者委員会のルーツは、ほかならぬこのとき山一證券に設置された「社内調査委員会」だったのである。設置の主目的は、新聞報道などで二〇〇〇億円とも言われた、「簿外債務」すなわち損失隠しの実態究明だ。これが山一を倒した最大の病巣だった。

同委員会は、委員長には当時の嘉本隆正常務取締役が就き、その他取締役など社内の人間が七名、途中から社外の弁護士二人が加わるという形だった。だから、「名実」ともに、日弁連ガイドラインの第三者委員会には該当しない。

だが、この社内調査委員会が、例によってお手盛りの報告でお茶を濁すだけの組織だったかといえば、そうではなかった。同委員会は、翌九八年四月に「社内調査報告書―いわゆる簿外債務を中心として―」を公表するのだが、実は社外弁護士の一人として調査に携わったのが、現在、われらが第三者委員会報告書格付け委員会の副委員長を務める國廣正氏である。同氏は、著書『修羅場の経営責任』（文春新書）で、同委員会には二つの意義があった、と述べている（198～199ページ）。

「一つは、山一の破綻に至る事実関係を、第三者的観点から、詳細かつ徹底的に調査、検証し、これを『社内調査報告書』という形で対外的に公表したということである。これは当時としては前例のない試みだった。

社内調査報告書の公表は、リスク管理不在、先送り、隠蔽、責任回避、官との癒着という巨大証券会社の経営実態を白日の下に明らかにした。加えて、本業そっちのけで財テクに走り、損失が発生すれば自分が『被害者』だとして損失補塡を求める自己責任意識の欠如した顧客企業、『見て見ぬふり』をしながら最後には梯子をはずして引導を渡す『官』の実態も明らかにした。社内調査報告書は、うわさや評論としてではなく『事実』として、これらのことを明らかにした点に意味がある」

「もう一つの重要な意義」は、『誰が会社を潰したか』（北澤千秋著、日経ＢＰ社）からの引用である。

「『会社がすでに破綻しているからこそ日の目を見た調査報告書』『会社が潰れる前にこうした自浄作用を発揮すべきだった』という指摘もその通りである。

それでも、企業が社会的存在であることを自覚し、自らの手で破綻の原因と経緯を明らかにするという説明義務を果たそうとした姿勢は、素直に評価すべきである」

危機に瀕したというよりも、すでに死を宣告された組織を調べる現場に、「第三者の目を入れる」という知恵が生まれたのは、皮肉なことだった。ともあれ、この画期的な仕事が、その後第三者委員会という実務に発展していったのは、紛れもない事実なのである。

「とにかく真実を明らかにしたい」という思いから立ち上がった当時の第三者委員会は、

十分社会的な意義を持っていた。それを認めるのに、やぶさかではない。

のちに逮捕された経営者を「擁護」したフタバ産業事件

二十一世紀に入り、「暗黒の十一月」が「序章」に過ぎなかったことを、我々は痛感した。バブル崩壊の後遺症もあって、数多くの企業不祥事も明るみに出た。そして、前世紀末に産み落とされた「問題の原因追及などを外部の第三者の手に委ねる」という手法も、多用されるようになっていく。

だが、数が増えるにつれ、「第三者委員会」という看板が独り歩きを始めるようになる。第三者委員会とは名ばかりの、信頼性に疑いを持たざるを得ない「調査報告書」が目立ち始めたのである。

二〇〇九年、彼らがいかにデタラメな仕事をしているのかを白日の下にさらす、ある「事件」が起こる。〇八年十月、自動車部品メーカー、フタバ産業に過年度決算の不正会計処理が発覚し、事実の解明などを目的とする「第三者委員会」が設置される。ここまでは普通なのだが、この事案では、委員会が報告書を出すものの、次から次に新たな疑惑が浮上して、結局短期間に三つの委員会が設置され、それぞれ異なる結論を語るというドタバタぶりを露呈してしまったのだ。

三つの委員会の結論は、おおむね次のようなものだった。

会社が最初に立ち上げた「社外調査委員会」（〇九年三月に報告書を公開）は、不適切な会計処理の原因が経理の社内管理体制の不備にあり、意図的なものとは判断できない。また、不正支払いについては、「ルールを軽視」という企業風土の表れだ——といった程度の結論を出した。

しかし、続く「特別調査委員会」（同年五月に報告書を公開）では、一部の役職員が実質子会社に対して不正な金融支援を行ったことを公表するとともに、こうした不適切な取引を生じさせた一番の原因を、役職員の遵法意識の欠如及びそれを助長する社内風土にあった、と断じる。

そしてトリの「責任追及委員会」（同年七月に答申）になると、代表取締役をはじめ不正出金に関わった元役職者四名に加え、不正を止められなかった当時の取締役九名についても、損害賠償責任ありと認定する。さらに、前四名に対しては、会社が訴訟を提起するよう促したのである。

この事件では、その後、元社長らが刑事責任を問われ逮捕されたものの、元社長は嫌疑不十分で不起訴処分となった。しかし、一部の元執行役員には業務上横領と有印私文書偽造・同行使の罪で実刑判決が言い渡されている。

委員会の結論が徐々に先鋭化したのは、処分の見極めに関わる証券取引等監視委員会が一連の報告書の信頼性の無さに懸念を抱くこととなったからだとも言われている。いずれにしても、少なくとも最初の社外調査委員会（報告書）は、無用の長物であるばかりでなく、逮捕までされた経営者たちの罪を、結果的に覆い隠す役割を担ったという点で、有害でさえあった。

同じ第三者委員会の体裁を取って同じ事案を調査しながら、結論に天と地ほどの違いが出たという現実を目の当たりにして、周囲の不信感は増幅された。関係者の危機感も高まったのである。翌一〇年、第二章で取り上げた「日弁連ガイドライン」ができたのは、この一件がきっかけだったのである。

オリンパスは第三者委員会に救われた

残念ながら、日弁連ガイドラインが作られた後も、不十分な報告書の量産が続いていることはすでに述べた通りだ。しかし、第三者委員会自体の認知度、ある意味「ステータス」は、確実に高まってきている。それを象徴することになる事件が表面化したのは、一一年七月のことだ。記憶に新しいオリンパスの不正会計事件である。

簡単に振り返っておけば、悪事の発端は、一部経営幹部がバブル期に行った本業とは無関係の金融商品への投資の失敗だった。その後、彼らは一千数百億円に上る損失を「飛ばし」という手法で隠蔽し続けた末に、企業買収費の水増しなどでその解消を画策したのだった。隠蔽が過去二〇年間にも及んだこと、経営トップが主導した不正であったことは、強い衝撃を持って受け取られた。当時の社長、副社長などが、金融商品取引法違反で東京地裁から執行猶予付きの有罪判決を受けたほか、長年の損失隠しを見抜けなかった二つの監査法人には、金融庁から業務改善命令が出された。

時間を戻すと、雑誌の記事を基に最初に事件を「告発」したのは、一一年に社長に就任したマイケル・ウッドフォード氏だったが、これだけの巨額損失と、それをめぐる不正会計が事実だとすれば、それはオリンパス本体も大ピンチに陥ることを意味した。「悪質で巨額、かつ長期の損失隠し」というのは、当時の東京証券取引所の基準からすれば、「上場廃止」に相当したからだ。ちなみに、その五年前には、堀江貴文氏のライブドアがわずか五〇億円の粉飾で上場廃止になっていた。実際、一一年十一月十日、四

〜九月期決算を法定期限（十一月十四日）までに提出できない、と発表したオリンパスは、東京証券取引所から「監理銘柄」（上場廃止の可能性がある銘柄）に指定される。

こうした一連の事態に慌てたのは、当のオリンパスだけではなかった。「東洋経済オンライン」の同年十二月二〇日付の記事が、当時の「裏事情」を語って余りある。

「（略）金融庁は『事態の鎮静化を図り、課徴金処分で済ませようと動いている』（大手監査法人幹部）。また『経済産業省や厚生労働省も、上場廃止や外資による買収などは、絶対させない意向だ』（外資系銀行幹部）。官主導の護送船団方式による〝救済〟の道筋が、用意されつつある」

要するに、低迷が続く日本のものづくりの中で、盤石の世界シェアを誇るオリンパスの内視鏡事業を外資に渡すなど罷りならん、ということである。

この「救済のシナリオ」には、上場の生殺与奪を握る東証自体も参画した。そして、筋書きに説得力を持たせるべく、東証主導で投入されたのが、第三者委員会という役者だったのだ。当時の東証斉藤惇社長の定例会見（同年十月二十八日）での発言を「ロイター」（同日付）は、次のように報じている。

「オリンパスは第三者委員会を立ち上げ事実関係を調べる方針をすでに示しているが、

斉藤・東証社長は、第三者委員会の設置を東証が提案したことを明らかにした。第三者委員会について、オリンパス自らが委員の人選をする場合、その調査を信頼できるかについて斉藤社長は『日本では株主を守る法律の準備ができている』と述べた。オリンパスが意図的に有利な人選をすれば、最終的に株主代表訴訟という選択肢もあることを指摘した」

甲斐中辰夫弁護士（元最高裁判事）を委員長とする第三者委員会が設置されたのは、同年十一月一日である。そして約一ヵ月というスピード調査の末、十二月六日、「調査報告書（要約版）」が公表される。巨額の損失隠しが歴代社長をはじめとする「トップ主導で秘密裏に行われた」ことを認定するとともに、問題を見過ごした経営陣の一新や、関係者に対する法的責任の追及を求める内容だった。さらにその後、同社は矢継ぎ早に「取締役責任調査委員会」、「監査役等責任調査委員会」を立ち上げて、前者は一二年一月七日に、後者は同年一月十六日に、それぞれ「調査報告書」を公表したのである。

こうした経緯の後、東証は、同年一月二十一日付でオリンパスを「監理銘柄」から外し、あらためて「特設注意市場銘柄」に指定する。同社は、晴れて上場廃止の危機を免れたのである。

事件が露見した際、オリンパスが外資の手に渡るという話は、確かにリアリティをもって語られていた。それを阻止し、なおかつ青息吐息の同社を蘇生させるという「国策」の成就に、第三者委員会は一役も二役も買った。別の言い方をすれば、見事に「有効活用」された。

第三者委員会は、誕生から一〇年あまりの間にそこまで社会的な影響力を持つ存在となっていたのだ。同時に、東証が〝お墨付き〟を与えたことで、その存在はさらにオーソライズされることとなった。

その存在の根拠は薄弱なもの

とはいえ、東京証券取引所が、それを機に第三者委員会を上場企業の不正が発覚したときに積極的に設置すべき組織として認定し、何かの規則に盛り込んだりした事実はない。あくまでも、上場廃止というオリンパス（国）のピンチを救う手段として、有効活用したに過ぎない。

日本取引所自主規制法人は一六年二月、「上場会社における不祥事対応のプリンシプル」を策定し、問題が起きた場合には、「第三者委員会の設置が有力な選択肢となる」

と記している。しかし、プリンシプル（原則）は、「法令や取引所規則等のルールとは異なり、上場会社を一律に拘束するものではありません。したがって、仮に本プリンシプルの充足度が低い場合であっても、規則上の根拠なしに上場会社に対する措置等が行われることはありません」と「趣旨」に但し書きされた域を出るものではない。

前出の「日弁連ガイドライン」にしても、あくまで「指針」である。日弁連という「業界団体」が、自らのメンバーが多数を占める第三者委員会について、（その質にバラツキが見られるがゆえに）「この決まりに従って行動するようにしましょう」と、一つの目安を提示したもので、やはり規則などに明示されたわけではない。

わざわざこんなことを言うのは、第三者委員会といえば「何らかの形で法的な裏付けが与えられたもの」「当然のごとく調査能力を備えた組織」と思い込んでいる人が少なくない、メディアの一部でさえそう誤解している節がある、と感じるからにほかならない。

乱暴な言い方をあえてすれば、依頼主が誰を委員に選任し、どんな調査を頼もうが自由。仮に委員会がいいかげんな報告書をまとめたからといって、それだけで「ガイドラインに抵触した」と処分されるわけでも、まして法的責任を問われるわけでもない。

何か事があれば立ち上がってくる第三者委員会には、その役割ないし任務や法律上の（つまりは公的な）位置付け、さらにはその作成・公表する報告書の内容、性格、扱い方などについて、今に至るまで十分な合意が形成されているわけではない。あくまでも「つくるもつくらないも自由」の任意の組織なのである。

もちろん、《事案10》雪印種苗の第三者委員会のような例もあるから、全ての委員会が信頼性が低く無駄だなどと言うつもりは毛頭ない。だがしかし、企業などの不祥事が発覚し、世間の非難にさらされたとき、救世主のようにやってきて「第三者」の名の下に調査報告書を公表していても、実は原因すらを究明できない委員会が多いということだ。その点は、きちんと認識しておく必要がある。

「会計不正なのに会計士が不在」の不可思議

企業の不祥事のたびに、経営陣が会見を開いて深々と頭を下げるシーンは、もはや見慣れたものとなった。ただ、信用を失墜した当人たちの弁明を、世間も市場も信用するのは難しい。そこで、今世紀に入ってからそれに代わって利用されるようになったのが、第三者委員会だった。

確かに、「専門性を持った外部の第三者が、問題を起こした組織を徹底的に調査する」という仕組みは、本来の目的に適って額面通りに機能すれば、周囲の負託に応える成果を上げることも可能だろう。しかし、実際には、紹介した「格付け結果」に示した通りの現実がある。多くの委員会において、ステークホルダーから期待される役割を果たすために不可欠な、「専門性」や「第三者性」がそもそも満たされていないのだから、そうなるのは当然だともいえる。

私が第三者委員会という存在に最初に大いなる違和感を覚えたのは、その「専門性」を疑わざるを得ない現実があったからである。ルーツである山一證券の事案がまさにそうであったように、第三者委員会は「会計不正」事件を機に設置されるケースが少なくない。少し古いのだが、一二年二月二十三日に公表された、帝国データバンクの「第三者委員会設置状況の実態調査」というデータがある。それによれば、過去五年間の同委員会の設置件数は一二七社、そこでの対象事例は一三二件で、設置理由の上位五位は、「架空取引」二六件、「粉飾」二三件、「子会社架空取引」一五件、「利益水増し」一〇件、「子会社利益水増し」八件と、全て会計ないし連結決算絡みの問題が占めた。つまり、全体の六割超が、そうした会計不正に関連するものだったのである。その後「コンプライアンス違反」事例が急増しているものの、会計まわりの案件が多数を占める状況に変わりはないはずだ。

ところで、会計も専門性の高い分野である。不正事案の多くは、収益認識、費用の計上時期、損益取引か資本取引かの識別、資産評価、負債の認識、連結範囲に関する問題など、会計基準に照らしても判断に幅のある事柄が多い。その不正を隅々まで暴くためには、やはり「プロの目」が必要であることは、誰にでも分かる理屈ではなかろうか。にもかかわらず、特に初期の段階において、公認会計士などの〝会計のプロ〟が第三者委員会のメンバーになることは、ほとんどなかった。最大の不正が会計事案であるにもかかわらず、名を連ねているのは、会計や監査の門外漢と思しき弁護士先生ばかり。まるで、第三者委員会の委員は弁護士の「独占業務」であると言わんがばかりの状況を、この帝国データバンクの調査報告でも、「異例というべきである」と総括したものだ。そうした構図は、現状でも完全に改められたわけではない。

それにしても、明らかに会計専門家に依頼すべき調査を、そうしない理由はどこにあるのだろう? 依頼する側に、「第三者委員会ならば弁護士に」という思い込みがあるのかもしれない。「ノウハウ」を蓄えた法律事務所の、広い意味でのセールスの賜である可能性もある。同時に、依頼主が意図的にそれを避ける、すなわち本当の専門家による精査を回避するケースが、少なくないのではないか。私はそう考えている。

まるで企業の駆け込み寺

その実態にもかかわらず、第三者委員会による調査は、真相究明に向けたベストの手法に見える。その報告書は、経営者の言い訳に比べ、何倍もの説得力を持つように見えるからである。増殖した名ばかりの第三者委員会は、いつしかこの「見える」部分に最大の価値を見出され、模造品として跋扈している、と言ったら言い過ぎだろうか。

価値を見出したのは、例えば不祥事を起こした企業のトップや経営陣である。彼らが、その手の第三者委員会を使うメリットとしては、次のようなストーリーが描けることだ。

不祥事が発覚すれば、彼らは連日のように、批判の矢面に立たされることになる。厳しいメディアの追及に対して自らの口で答えなければ、相手は納得しない。世間の耳目が集まる事件の場合、メディアが独自に真相究明の取材を開始し、できれば隠し通したい事実が掘り返されてしまう可能性もある。

しかし、「第三者委員会の設置」を宣言した瞬間に、状況は変わる。自らは、とりあえず修羅場の最前線から身を隠すことができるのだ。ひとたび調査が開始されたら、「全面的に協力しています」の一点張りでも、世の中がその委員会を信頼している限り、大きな非難を浴びる心配はない。

そうやって身を潜めていて、何ヵ月かしたら、まとめられた委員会の調査報告書を公表して「事足れり」となる。世の中では、その間にさまざまなことが起こる。不祥事の発覚時にあれほど騒いだメディアも、喉元過ぎたこともあって、随分とおとなしくなっているはずだ。

報告書に記された不正の原因がイマイチはっきりしなくても、責任の所在が曖昧でも、「公明正大な第三者委員会が出した結論なのだから」という大義名分の持つ意味は重い。堂々とこれで「禊は済んだ」とばかりに、不祥事の幕引きを図ることができるだろう――。不祥事企業等の経営トップにとって、第三者委員会は、まさに現代の〝駆け込み寺〟なのである。

加えて近年は、ただ一時避難するにとどまらず、初めから禊をデザインするケースも増えている。不祥事に関わった官僚が身内のヒアリングを行い、報告書も自分たちでしたためた《事案1》厚労省の統計不正は、その典型といえよう。ステークホルダーのために事実を解明するのが目的だったはずの第三者委員会は、いつの間にか、不祥事を起こした側がその名前を利用して「一件落着」を図るための、〝禊のツール〟に姿を変えていたわけである。

一九年八月十七日付「日本経済新聞」は、「第三者委　今年も高水準」「独立性確保に課題」と見出しを付けた記事で、こう述べる。

「第三者委の設置が対策を進めたというアリバイづくりで終われば、かえって信頼回復は遠のく。こうした事態を避けるためには第三者委の運営方法で工夫が必要だ。

企業は調査のメンバーを業務でつながりがある法律事務所に依頼するケースが多い。『企業の法務部は連絡を取り合い、弁護士を紹介し合っている』（大手法律事務所）。中立性の確保には『監査役などが人選に目を配るべきだ』（日本監査役協会の岡田譲治会長）といった声がある」

そのように、変質した第三者委員会でメリットを享受する人間がいれば、一方で損害を被る人たちもいることに目を向けなくてはならない。被害者は、ほかならぬ不祥事を起こした組織のステークホルダーである。

第三者委員会を設置することによって、経営陣は記者からの質問にさらされずにすむようにはなるが、それは委員会の報告書が公表されるまでの期間、基本的に会社からその一件に関する情報が出てこないことを意味する。その間、不祥事によって下落した株価に、再発防止などの好材料が反映されることはない。企業価値の棄損がずっと続くのだ。

あえて言えば、巨大企業による不正の場合、その影響は当該企業のステークホルダー以外にも、へたをすると市場全体にも及ぶ。それを担当する第三者委員会には、果たしてそういう自覚が十分にあるのだろうか？

中長期的に見れば、付け焼刃の調査報告や再発防止策の公表で当面の嵐を凌いだツケは、その組織自体にも負の遺産を背負わせることになるだろう。不正の根本原因を除去できなかった組織が、「反省」したにもかかわらず、またしても同じような問題を繰り返す実態も、すでに述べた通りである。

さらに、第三者委員会の設置にはそれなりのコストがかかるのだから、設置の意義がなかったとするならむしろデメリットしかない。

ビジネスとなった第三者委員会

第三者委員会は、格付け委員会のように〝手弁当〟で仕事をするわけでは、もちろんない。公的機関として、公から報酬が支払われるのでもない。それを負担するのは、依頼した企業、団体である。では、いったいいくらのコストをかけて調査を行ったのだろうか？　依頼した企業などがそれを明らかにしたことも、報告書にその金額が明示されたことも、私の知る限りこれまではない。

これは、実は重大な問題で、不祥事を起こした企業の株主は、その発覚による株価下落で損害を受けたうえに、第三者委員会への支出による会社の損失＝企業価値の棄損という形で、二重のダメージを受けていることになるのだ。そんな支出など大したことはないのだろう、と言うなかれ。ある重大事案で設立された第三者委員会に対して、数十億円の対価が支払われたという話を、耳にしたことがある。

「日弁連ガイドライン」にあるように、弁護士報酬は「時間制」でカウントされるのが普通だ。その報酬は、例えば同じ「士業」の公認会計士や税理士よりも、割高な水準にある。加えて、仕事をするのは、通常、報告書に名前の出ている人たちだけではない。資料の読み込みや分析、さらには関係者へのヒアリングといった実務に、所属する法律事務所の弁護士やスタッフが多数関わる。その体制で三ヵ月、四ヵ月と任務を遂行するのだから、人件費だけで金額が相当嵩むのは、想像に難くない。

そうしたコストをかけて、当該企業が再生を果たすことのできる中身のある報告書が出るのなら、まだいい。そうでなければ、単なる無駄遣いだ。その意味でも、第三者委員会の報告書の作成・公表に関する一連のコストに無関心でいるわけにはいかないのである。

このコストに関しては、別の視点からも重要な問題を指摘しておかなくてはならない。誤解を恐れずに言えば、第三者委員会の委員を引き受けることが、「弁護士業界」にとって格好のビジネスになっている、という現実があるのだ。

税理士法人ファーサイトが運営する「第三者委員会ドットコム」という情報サイトによれば、一九年度に設置された上場企業の第三者委員会（内部調査委員会なども含む）は、七三件に上る。ちょうど五日に一件のペースでつくられている計算で、請け負う側にとっては、十分魅力ある市場だと言えるだろう。事実、第三者委員会専門の事務所も生まれている。

第三者委員会が揺籃期から成長期に入った二〇〇〇年代初めは、奇しくもわが国で司法制度改革が推進された時期と合致する。〇四年には法科大学院ができ、司法試験合格者が大幅に増加した。ところが、改革の意図に反して、それにより生じたのは、「弁護士余り」の現実だった。まったくの偶然ながら、そんな業界にとって、第三者委員会ビジネスは、「過払い金請求」と並ぶビッグビジネス・チャンスをもたらす救世主ともなったのである。

もちろん、法律事務所が第三者委員会で稼ぐのはけしからん、などとは言わない。ただ、「事業」という切り口からそこにアプローチすると、次のような問題が生じることになるだろう。

例えば、ここに、温かく迎え入れてくれて、抱えた問題は私たちがきれいさっぱり処理してあげましょう、というお寺と、まずあなた自身が心から反省しなさい、と性根を叩き直されるお寺があったとして、「法務部同士が連絡を取り合う」ユーザーは、どちらに駆け込むだろうか？　第三者委員会をビジネスと考えるのだったら、そのニーズに応えるサービスを提供するのが、「成功」の道だ。逆に言えば、「真因の追究」や「厳格な再発防止策の提起」は、ビジネスの拡大にとってマイナス要因になる危険性がある。

その結果、当たり障りのない調査報告書が乱発されるという事態も、あり得ないことではない。

ここでも、第三者委員会を請け負う事務所が軒並みそれを単なるビジネスにしている、などとは言うまい。しかし、客観的には、不正の追及をかわして幕引きを図りたい依頼主と、そこでの仕事を拡大したい法律事務所があったら、その利害が見事に一致するのである。その構図を疑う、私のような人間もいる。

第三者委員会を引き受ける方々には、そういう事実をしっかり認識したうえで、疑念を吹き払う調査を行い、ぜひとも社会的な価値のある報告書を作成してもらいたい。それが切なる願いなのである。

第四章

会計のプロから
第三者委員会への「提言」

会計監査に似る第三者委員会

格付け委員会のメンバーの中でも、私はどちらかと言えば、第三者委員会という仕組みそのものに対して、「懐疑的な」立ち位置を自認している。不祥事への対応として第三者委員会の設置を当然と考えるのではなく、「場合によってはそれが有効に働くこともあるだろう」というスタンス、と言えばいいだろうか。その考え方には、私が弁護士ではなく、会計畑の人間だということが反映しているのかもしれない。

ともあれ、多くの第三者委員会が〝禊のツール〟になっていると思われる現状は、看過できない。正しく機能する場を、少しでも増やしていかなくてはならない。そのためには何が必要なのか、最後に思うところを述べたい。

ここでまず指摘しておきたいのは、ひょんなことから誕生し、市民権を得てきた第三者委員会だが、結果的には私の専門分野である会計監査を中心にした保証業務に極めて似た性格を持っている、ということである。公認会計士や監査法人による会計監査も、依頼された企業から報酬を受け取って、その企業の財務状況等を調べる。会社が作成した財務諸表などを調査したのち、「この決算書の内容に間違いはありません」と太鼓判を押す。保証する相手は、直接的にはその会社の株主や投資家だが、最終的には、企業を取り巻くすべてのステークホルダーである。そうやって、彼らが安心して投資活動を行うことができる環境を担保するのが、会計監査の役割なのである。

一方、すでに述べたように、第三者委員会も日弁連ガイドラインの規定では、「すべてのステークホルダーのために調査を実施し、その結果をステークホルダーに公表」する、とされている。両者は、「公共の利益」の保護のために活動するという目的でも一致するわけだ。

仕組みや目的が似ているのだから、求められる要件などの比較検討には意味があるだろう。ここでは、「会計監査との比較」という視点から、第三者委員会の課題と展望を探ってみたいと思う。

あらためて「第三者」とは何か

最初に、委員会名に当たり前のように冠されている「第三者」について考えてみたい。

実は、会計監査においても、「第三者性」は監査人の必須の属性と位置付けられている。大まかに言えば、その意味するものは、①独立性・中立性を中心として、②専門性、③倫理性・誠実性、④透明性を確保する、というのがその世界での定義だ。

中でも、監査結果の利用者の信頼を得るための大前提として、いずれの者にも従属せずに、公正不偏の立場での判断を行うことを保証する監査人の「独立性」が求められる。それは、外観的独立性（経済的独立性・身分的独立性、イメージとしての独立性）と、精神的独立性（公正不偏の判断）から成っている。学問的にも深いテーマなのだが、それをここで解説するのが本書の目的ではない。理解してほしいのは、会計監査においては、「独立性」一つとっても、そうした精緻な研究、議論が重ねられ、制度的にも、厳格な独立性要件が規定されている、ということなのである。

「倫理性・誠実性」という、すぐれて精神的な要素がそこに提示されていることにも、注目願いたい。私事ではあるが、大学院博士課程時代の私の研究テーマが、「会計プロフェッションの倫理」であった。監査の現場においては、決められた基準やテクニックだけでは解決できない局面が多々訪れる。これも教科書的に言うと、専門知識と倫理観及び懐疑心をもって適切な判断を行うことなしに、「ディスクロージャー（情報公開）

現する。

の番人」としての務めを果たすことはできない。ちなみに、監査の世界では、入手した情報の妥当性を、探求心をもって批判的に評価することを「職業的懐疑心の保持」と表現する。

会計や監査と聞くと、「決まりきった数字の世界」というイメージを持たれるかもしれないが、決してそうではない。「倫理」がふらついていては、市場の信頼に値する正しい判断を下すのが困難なのである。そのことがいかに重要視されているのかは、公認会計士法で義務付けられている会計士の継続研修の中核に、倫理研修があることを見ても明らかだ。

監査における「第三者性」は、そこまで問われる概念なのである。第三者委員会に当てはめるとどうなるだろう？　「倫理」が働いていれば、少なくとも儲け優先の「第三者委員会ビジネス」は、存在しないはずだと思うのだが。

誰が委員を選ぶのか

仮に今説明したような「第三者性」を持つ人や組織があったとしても、その人たちが第三者委員会の委員に選ばれなければ、意味がない。露骨な言い方をすれば、選ぶ側にそういう「第三者」を意図的に忌避できる可能性を残すシステムの下では、独立性にも専門性にも、疑惑の目を向けざるを得なくなる。「問題を起こした企業の経営者が委員を選ぶ」という第三者委員会は、この「委員の選任プロセス」においても、不十分な点を残していると言わざるを得ない。

この点、会計監査はどうなっているかといえば、監査人の選任における最終的な監査契約締結者は、監査対象になる財務諸表の作成責任者、すなわちその企業の経営者である。「調べられる人が調べる人を選ぶ」というのは、第三者委員会と同じ。そこには、「監査に手心を加えてくれそうな監査人を選んだのではないか」という疑義の生まれる余地が、やはりある。

しかし、監査の場合は、その疑念を晴らす手続きが別に用意されている。監査人の選任については、監査役会の同意を得つつ、基本的に株主総会での承認を受けなくてはならないのである。株主の承認を得るというのが、経営者にとって大きなプレッシャーであるのは、言うまでもない。その過程をクリアすることによって、監査人選任に関するステークホルダーの信任は取り付けられた、と理解していいだろう。

他方、第三者委員会の委員の選任については、こうしたプロセスが講じられているわけではない。あくまでも、不祥事を起こした企業などが探した委員を、経営者が任命して終わり、なのである。

そもそも、こちらは会計監査と違って、調べるのは、基本的に「すでに発生した不正の事実や原因」であり、依頼した経営者自身が責任を問われ、調査対象になることも多い。そうであれば、委員の選任は、より一層、経営者をはじめ業務を執行する人間の影響力を排除する形で行われる必要があるのは、理の当然だ。

では、具体的にどうしたらいいのか? まず、第三者委員会の委員の選定を経営者自身や取締役会が行う、という手法を改めなくてはならない。代わってそれを実行する人間として第一に考えられるのは、社外役員(社外取締役、社外監査役)である。社外役員は、企業の有事の時に、いかにイニシアティブとリーダーシップを発揮して、ステークホルダーの期待に応えることができるのかという点で真骨頂が問われるのである。少なくとも、彼らが、現経営者らから「独立した」立場で選任に関与することで、「第三者性」は一歩前進するのではないだろうか。そのうえで、そうした選任のプロセスや、調査の目的(第三者委員会に何を依頼したのか)について、ステークホルダーに適切な形で説明し、その理解と同意を得る努力を払うべきなのである。

委員の選任プロセスについて付言すれば、会計士などによる財務諸表監査と違い、第三者委員会の調査対象となる不祥事は、より個別的、限定的でもある。調査を開始する前に、その目的や手法について、依頼する企業などと委員会との間で十分な検討を行い、明確な合意を交わし、くどいようだが、その内容をステークホルダーに事前に明示することが重要になるのだ。

ただ、その調査に相応しい陣容を決定し、調査項目を確定し、報酬を含めた諸条件の詰めを行うという作業を、今の多くのケースがそうであるように「事が起こってから速やかに」完了し、すぐさま第三者委員会設立を宣言できるものなのだろうか？　そこにも、「取るものもとりあえず、まずは委員会を立ち上げる」という〝駆け込み寺〟の本質が投影しているのではないか、と私は大いに疑っているのである。

再び「報酬不開示」を問う

前章で、第三者委員会の受け取る報酬が開示されていないという問題を指摘した。これについても、会計監査との比較を行っておこう。

会計士などによる監査の場合は、少なくとも不特定多数の関係者に影響を及ぼすと考えられる金融商品取引法監査においては、監査報酬を開示しなくてはならない。同じ監査事務所において、監査業務以外の報酬が支払われている場合には、さらに別枠で開示が求められる。

監査に際して、対象の企業からいくらの支払いがあったのかという情報が、ステークホルダーの目にさらされるというのは、透明性が高まり不信感の払拭になり得る。そうやって、監査の「独立性」と「透明性」を確保し、結果として、監査に対する信頼性を高めているわけだ。

主として弁護士が関わる第三者委員会に関しては、残念ながら、そこがグレーゾーンとして放置されたままである。とはいえ、私が弁護士は揃って秘密主義で「商業主義的色彩」が強いと思っている、ととられるのは心外であるので、誤解は解いておきたい。

私が司会・進行を務めた『週刊　経営財務』(二〇一七年一月三十日)の座談会「第三者委員会報告書の社会的意義と今後の課題」で、弁護士の遠藤元一氏は、「第三者委員会報告書で報酬の開示をすべき」としたうえで、次のように指摘している。

「その報酬も、いわば委員と補助委員とは個別に、しかもそれを調査、ヒアリング、資料収集、報告書の作成など、誰が何時間どの作業をやったのかを全部出して、個別の報告を開示させるべきだと。（略）調査委員の方にも、『こんなにお金を払っているのにこれだけの報告書しかできないのか』と言われるかもしれないという緊張感を持たせるべきです。透明性の確保は報酬についても必要だと思っています」

「（報酬を細かく開示させるのは）市場のステークホルダーが直接に第三者委員会のメンバーと委任契約を結ぶわけではないので、委任の趣旨に反するような報告書の名に値しないものを作成しても、契約関係がないため、委員に対して責任追及ができません。ですから、委員に対する規律づけを持たせるための工夫が必要であって、その一つとして委員がどのような業務でいくらのタイムチャージを取っているかを開示するやり方もあると。これが項目のメニュー化を求めている趣旨です」

ここまでやれたら理想的かもしれない。ただ、そのずっと以前の課題として、そもそも「第三者委員会による調査に総額でいくらかかったのか」を、速やかに公表する必要がある。「第三者」を名乗るのであれば（名乗らなくても、そういう性格を持つ調査委員会であるならば）、遠藤氏の言う通り、「お金」に関しての「透明性」を実現すべきであろう。

危機に際して試される自浄能力

問題が発覚したら、即座に第三者委員会を設置するという〝脊髄反射〟を、私はさんざん批判してきた。では、その時、組織は何をなすべきなのだろうか？

前章でも触れた日本取引所自主規制法人の「上場会社における不祥事対応のプリンシプル」は、「趣旨」で次のように述べている。

「上場会社においては、パブリックカンパニーとしての自覚を持ち、自社（グループ会社を含む）に関わる不祥事又はその疑いを察知した場合は、速やかにその事実関係や原因を徹底して解明し、その結果に基づいて確かな再発防止を図る必要があります。上場会社は、このような自浄作用を発揮することで、ステークホルダーの信頼を回復するとともに、企業価値の再生を確かなものとすることが強く求められていると言えます」

その認識の下に、「プリンシプル」で、「調査の客観性、中立性、専門性を確保するため、第三者委員会の設置が有力な選択肢となる」とするのだ。

逆に言うと、第三者委員会の設置は「有力な選択肢」であって、企業などが持つ自浄作用の全てではない。昨今のように、メディアが問題企業に、あたかも「早く第三者委員会を設置せよ」とプレッシャーをかけるような状況は、全くの本末転倒と言わざるを得ない。不祥事を起こした企業には、その前に検討すべきことがあるはずだ、というのが私の持論である。

具体的に言えば、企業の自浄能力として真っ先に発動されるべきは、さきほども出てきた社外取締役という機能である。その名の通り「社外」の存在である彼らは、社内の取締役からは独立した立場で、その業務執行を監督するのが任務とされている。ちなみに、一五年に公表された金融庁のコーポレートガバナンス・コードにより、上場企業は二名以上の選任が事実上義務化された。企業の身近にいて、なおかつ「外部の目」を持つ社外役員こそ、いの一番に現場に駆け付けるべきではないのだろうか。

前章で、オリンパス事件の際、東証が第三者委員会設置の旗を振ったという話を紹介した。その先頭に立った、当時の東証社長の斉藤氏と、二〇一二年に青山学院大学が主催した「第10回会計サミット」の討論会で議論したことがある。席上、「オリンパスのような事件が起こった場合、国際標準だと、社外取締役が対応することになる」と話すと、斉藤氏は、言いたいことは分かるが、日本ではなかなか機能しない。ベストではないかもしれないが、ベターな策として第三者委員会を設置した――という内容のことを話されていた。その後、一四年の会社法改正で社外取締役の要件が厳格化され、一五年にはコーポレートガバナンス・コードもできた。社外役員を活用できる環境も、徐々に整ってきたはずだ。では、彼らがそれにふさわしい役割を果たすようになったのかというと、残念ながらそうとは言えない現実がある。頻発する企業の不祥事に際して、彼らがイニシアティブを発揮して、社会に対して納得の得られる対応を図ったという話は、全く耳に入ってこないのである。

この点では、社外役員のほうに問題がある場合もある。平時において「経営のアドバイス」を行うのがいけないとは言わないが、彼らの真価は、有事にこそ問われるものなのだ。しかし、そうした適格性も強い信念も十分ではない人物が、そのポストに収まっていることが少なくない。中には「こんな不正の話など、聞いていなかった」と言って、辞表を叩きつけるような人もいるから、困ったものだ。

不祥事の発覚もさることながら、それへの対応の拙さゆえに傷口を広げ、企業価値を大きく棄損した事例は、枚挙にいとまがない。そのリスクを理解するのならば、社外役員には、何をおいても危機管理能力を備えた人間を配するべきだろう。

いずれにしても、第三者委員会の設置というのは、そうした自助努力を尽くしたのちに検討することである。それをしない(できない)で〝駆け込み寺〟に頼るというのは、

「私たちには自浄能力がありません」と宣言するに等しい振る舞いなのだ。そういう認識を、特に経営トップには持ってもらいたいと思う。

余談ながら、私もいくつかの会社の社外役員を拝命してきた。自らの体験での「成功例」を語るのは必ずしも本意ではないが、社外監査役をしている日本航空では、こんなことがあった。

一四年秋に、子会社で顧客情報の漏洩事件が起こったことがある。ほどなく監査役室から私のところに電話があって、「社内で検討の結果、第三者委員会を設置することにしました。委員の適任者を紹介してくれませんか？」と言うのである。しかし、私はそれに待ったをかけた。当時日航には、東証に独立役員として届け出た社外取締役と監査役が、それぞれ三人ずついたから、すぐに第三者委員会に丸投げするのではなく、とりあえずその六人の社外の独立役員で対処すべきである、と提案したのである。

当初、「役員の我々が行った調査で、世間は納得するのか」といった議論もあったのだが、私は「ステークホルダーの代理として、取締役会とは独立した立場で働いているのだから、問題ないはずだ」「全くの部外者よりも、日航の内部が分かっている」と主張した。議論の末に設置された独立役員検証委員会は、情報セキュリティに関しての専門的なコンサル会社の補助を受け、中間報告を織り交ぜつつ、およそ二ヵ月後に最終報告書をまとめたのである。

小さな話かもしれないが、日航にとってのメリットの一つは、社外役員を使ったことで、委員の人件費が全く発生しなかったことだ。それで、被害の状況などは、完全に明らかにすることができ、顧客からのクレームなども一切なかったのである。

第三者委員会に「会計的視点」を

まず自浄能力を発揮せよと言っても、経営陣に対するステークホルダーの信頼が完全に失墜し、「社内調査」では到底事態の進展は図れない、といったこともあるだろう。社外役員が調査を進めた結果、外部の組織に依頼すべきだという判断を下すこともあるはずだ。そうなった場合には、第三者委員会の出番である。それを、本来の趣旨に適うかたちで設置、運用し、そこで得られた成果（真の原因、再発防止策）を、調査を依頼した組織が速やかに取り入れ、再生に活かしていかなくてはならない。

本章では、第三者委員会の課題を会計監査と比較して論じてきた。途中でも述べたが、監査における「第三者性」の概念や、それに基づく数々の規定は、一朝一夕で構築されたものではない。ここに至るまでには、企業の不正を見抜けなかったり、あるいは監査人自身が不正に関与したりして、監査制度そのものの信頼が揺らぐような内外の事態にも見舞われた。そうした失敗も糧に取り入れられてきた「独立性」や「専門性」の探求は、現在進行形でもある。

会計プロフェッションとして第三者委員会報告書格付け委員会にも参加する立場から言わせてもらえば、こうした監査の保証業務のあり方にこそ、「あるべき第三者委員会」に対する有効回答が、数多く潜んでいるように思うのだ。この蓄積を活かさない手はない。

「会計不正の事案を扱う第三者委員会に、会計士が不在なのはおかしい」という話をした。それは当然として、さらに話を進めれば、会計事案に関わらず「第三者性」を体得した会計士を第三者委員会に積極的に関与させることで、その水準を高めていくことができるかもしれない。

「会計」は"Accounting"の訳語である。しかし、"account for ～"には、「～を説明する」「～の責任を持つ」という意味がある。"Accountability"すなわち「説明責任」が「アカウンティング」の原点であり、「数合わせ」を意味する「会計」と訳したのは間違いだ、と私は考えている。

「説明責任を果たす」

それは、まさに第三者委員会の本旨でもあるのだから。

あとがき

わが国の場合、企業等における不祥事の発覚とその後の第三者委員会設置は、もはや年中行事と化してしまった感がある。それほどに、社会から批判を浴びるような不祥事が止むことがないのである。これは明らかに、日本人全体の規律意識の劣化と倫理観の低下の表れではないだろうか。「正しいことを正しく行う」あるいは「嘘を言わない」という、至極当たり前の行動原則が守られていないのである。加えて、自らの組織に問題が生じたとき、自浄能力を発揮して自分たちで解決することもせずに、直ちに、外部の第三者の力を頼るといった傾向が蔓延しているのである。

一方で、こうした安直ともいえる対応を支えているのが、わが国特有の第三者委員会による活動なのである。確かに、不祥事案件の性質および社会的影響等、もはや、自助努力のみでは解決の糸口も見つからず、社会の人々も、公正な第三者による検証と再発防止策の提言を要求する場合もある。したがって、そうした使命の下に設置される第三者委員会であるならば、名実ともに、公正でかつ信頼しうる調査を行い、当該不祥事の真因の究明と、それに対する是正策ないしは再発防止策を提言することが求められる。

しかしながら、本書でも縷々指摘したように、これまでに設置された第三者委員会等の活動やその結果をまとめた報告書から浮かび上がってくる実態は、本来の使命とは乖離して、関係者にとって納得のいかないものが余りにも多いということである。それにもかかわらず、こうした第三者委員会ビジネスが隆盛を極めている理由は、設置を依頼する不祥事企業にとっても、また、受託する第三者委員会のメンバー（ほとんどが弁護士であるが）にとっても、ウィンウィンの関係にあるからに他ならない。つまり、依頼企業等は報告書を公表後、そこでの提言を踏まえて真摯に対応すると表明することで、一連の不祥事に対しての禊が済んだと捉えるのである。一方、第三者委員会関係者は、報告書の内容等に批判が寄せられても、自分たちには法的な強制力もなく、制約条件の中で行った結果に過ぎないということで、批判をかわして事なきを得るのである。さらに、厳しく責任を追及してきたメディア等も、報告書の結果を踏まえて、ほぼ一件落着と捉えて追及の手を緩めてしまうのである。

もはや、毎週のように設置されている第三者委員会に対して、企業等が負担している社会的なコストは巨額なものになっているはずである。したがって、この第三者委員会活動に対しての信頼性を確保するのであれば、最低でも、こうした社会的なコストについては全面開示して、透明性を確保することが不可欠である。

私は、第三者委員会自体を否定するものでは決してない。しかし、第三者を名乗り、そしてまた、広く多くの関係者（ステークホルダー）の利益を守るための組織を標榜するのであれば、先行事例ともなる公認会計士または監査法人の行う会計監査人の適格性要件及び監査手法等に依拠することで、信頼性を確保することを提案したい。

なお、本書を上梓するにあたり、第三者委員会報告書格付け委員会の久保利英明委員長には、本書の意義をご理解いただくとともに、信頼するライターの南山武志氏の全面的な協力を得ることができた。また、中央公論新社の中西恵子氏にも大変お世話になった。ここに記して心よりお礼を申し上げたい。本当にありがとうございました。

二〇二〇年三月十日

八田進二

構成／南山武志
本文ＤＴＰ／市川真樹子

ラクレとは…la clef=フランス語で「鍵」の意味です。
情報が氾濫するいま、時代を読み解き指針を示す
「知識の鍵」を提供します。

中公新書ラクレ
685

「第三者委員会」の欺瞞
報告書が示す不祥事の呆れた後始末

2020年 4 月10日発行

著者……八田進二

発行者……松田陽三
発行所……中央公論新社
〒100-8152 東京都千代田区大手町 1-7-1
電話……販売 03-5299-1730　編集 03-5299-1870
URL http://www.chuko.co.jp/

本文印刷……三晃印刷
カバー印刷……大熊整美堂
製本……小泉製本

Published by CHUOKORON-SHINSHA, INC.
Printed in Japan　ISBN978-4-12-150685-6　C1236

中公新書ラクレ　好評既刊

L493
駆け出しマネジャーの成長論
――7つの挑戦課題を「科学」する
中原　淳 著

「突然化」「二重化」「多様化」「煩雑化」「若年化」とよばれる5つの職場環境の変化で、いま3割の新任マネジャーはプレイヤーからの移行に「つまづく」。成果を出すためには、何を克服すべきか？　人材育成研究の知見と、マネジャーたちへの聞き取り調査をもとに「マネジャーになることの旅」をいかに乗り越えるか考える。２０１４年度「ＨＲアワード」にノミネートされた作品。

L653
教育激変
――２０２０年、大学入試と学習指導要領大改革のゆくえ
池上　彰＋佐藤　優 著

２０２０年度、教育現場には「新学習指導要領」が導入され、新たな「大学入学共通テスト」の実施が始まる。なぜいま教育は大改革を迫られるのか。文科省が目指す「主体的・対話的で深い学び」とはなにか。自ら教壇に立ち、教育問題を取材し続ける池上氏と、「主体的な学び」を体現する佐藤氏が、日本の教育の問題点と新たな教育改革の意味を解き明かす。巻末には大学入試センターの山本廣基理事長も登場。入試改革の真の狙いを語りつくした。

L673
日韓激突
――「トランプ・ドミノ」が誘発する世界危機
手嶋龍一＋佐藤　優 著

ＧＳＯＭＩＡをめぐり揺れに揺れた日韓。両国はついに全面衝突の様相に。「安倍政権が韓国を巧妙に追い詰め破棄させたのだ。この手法は、日本を開戦に踏み切らせたハル・ノートを思わせる。短期的には〝完勝〟（佐藤優氏）だが、「長期の視点に立てば極めて危うい一手」（手嶋龍一氏）だ。北東アジアに生じた日米韓の安保体制の綻びを、中露北が衝こうとしている。果たしてニッポンに苛烈な国際政局を生き抜く秘策はあるか。